# CHASSIDISCHE WEISHEIT

*Aus den Quellen
nacherzählt von Peter Kobbe*

**Knaur ®**

Dieses Buch wurde auf chlor- und säurefreiem Papier gedruckt.

Originalausgabe September 1994
© 1994 Droemersche Verlagsanstalt Th. Knaur Nachf., München
Das Werk einschließlich aller seiner Teile ist urheberrechtlich
geschützt. Jede Verwertung außerhalb der engen Grenzen des
Urheberrechtsgesetzes ist ohne Zustimmung des Verlages unzu-
lässig und strafbar. Das gilt insbesondere für Vervielfältigungen,
Übersetzungen, Mikroverfilmungen und die Einspeicherung
und Verarbeitung in elektronischen Systemen.
Umschlaggestaltung Graupner & Partner, München
Umschlagabbildung AKG, Berlin
Illustrationen Peter F. Strauss
Satz DTP ba · br
Druck Himmer, Augsburg
Bindung AIB, Augsburg
Printed in Germany
ISBN 3-426-86073-2

2   4   5   3   1

---

Die Reihe »Spirituelle Wege« präsentiert essentielle Texte aus verschiedenen Zeiten, Kulturen und Religionen. Alle Titel verbindet eine gemeinsame Botschaft: Der Grund unseres Universums ist eine umfassende liebende Kraft, die unser Begriffsvermögen übersteigt und der wir uns daher nur durch partielle spirituelle und geistige Erkenntnisse nähern können.

Die vorliegenden Weisheitsbücher entstammen folgenden Kulturen und Religionen: Konfuzianismus, Hinduismus, Christentum, Judentum und Islam. Als Klassiker der Spiritualität sprechen neun Bände dieser Reihe unseren Geist und unsere Seele an. Damit aber auch der Körper, »das Haus des Geistes«, genährt wird, enthält »Spirituelle Wege«, stellvertretend für andere körperorientierte Techniken, ein Buch über Qi-Gong. Wenn wir uns im Grenzbereich zwischen Körper und Geist bewegen, stellen wir fest, daß Materie und Geist keine Gegensätze sind, sondern verschiedene Ausdrucksebenen *einer* Kraft.

Mit dieser Pocketreihe wünschen wir Ihnen gute Reise auf *Ihrem Weg*.

# SPIRITUELLE WEGE

Herausgegeben
von Gerhard Riemann

# Inhalt

*Anhang*

# Vorwort

> »Ohne Erweckung unten
> geschieht keine Erweckung oben«
> *Sohar*\*[1]

Der um die Mitte des 18. Jahrhunderts in der Ukraine entstandene Chassidismus ist eine der machtvollsten religiösen Bewegungen der Neuzeit und zugleich die jüngste Ausformung der jüdischen Mystik. Sein Begründer war Rabbi Israel ben Elieser (1698–1760) aus Podolien, der zunächst als traditioneller, kabbala\*-kundiger Magier und Heiler, als »Baal Schem« (Herr des Namens), wirkte und schließlich von den Zehntausenden seiner Anhänger als »Baal-Schem-Tow« (Herr des guten Namens, abgekürzt: »Bescht«), d. h. als gottberufener Glaubensführer verehrt wurde. Die religiöse Lebensorientierung des Chassidismus,

---

1 Zu Ausdrücken mit Sternchen siehe Glossar im Anhang.

die »Chassiduth« (Frömmigkeit), das begeisterte Streben nach innigster Gottesnähe durch die sinnerfüllte Andacht und die Weihe der Alltagspraxis, wurde getragen von den chassidischen Rabbis, den »Zaddikim« (Gerechten), und von deren jeweiliger Schülerschaft, Gemeinde sowie außerhalb des Ortsbezirks beheimateten Gefolgschaft, den »Chassidim« (Frommen). Sie erfaßte um 1815 bereits mehr als die Hälfte der Juden Osteuropas. Der Zerfall des Chassidismus als einer historisch bedeutsamen Strömung setzte etwa nach 1850 ein. Die chassidische »Lehre« aber, die spätestens seit den zwanziger Jahren unseres Jahrhunderts einer breiteren, nicht-chassidischen Leserschaft erschlossen wurde, hat bis heute innerhalb und außerhalb des Judentums nichts von ihrer vitalen, inspirierenden oder aufrüttelnden Glaubensmächtigkeit eingebüßt.

Wesentlich für das Verständnis jedes chassidischen Texts bleibt die Tatsache, daß er primär *religiös* und nicht philosophisch oder poetisch/literarisch ist. Seine oftmals augenfällige, ja spekulativ kühne Mystik hat kaum etwas mit meditativer Gedankenarbeit oder frei schwebender Imagination zu tun; sie dient der seelischen Erweckung und der Kawwana\*, der innerlichen Ausrichtung auf die »welteinwohnende«

Herrlichkeit des Schöpfers – die Schechina*. Dies gilt grundsätzlich für beide Überlieferungsstränge des chassidischen Schrifttums in seiner zum Teil »ungefügen Masse fast ungeformten Materials« (Buber): einerseits für die Legenden, Geschichten und Anekdoten, die die Chassidim von den Zaddikim erzählen, und andererseits für die dogmatische Literatur, d. h. die einzeln oder in Sammelwerken veröffentlichten Traktate, Predigten, Reden, Aphorismen, Sprüche und Briefe der Zaddikim. Das missionarische Anliegen der chassidischen Rabbis ist ja die *Erneuerung* der *Gläubigkeit* im »Am ha'arez«, dem »ungebildeten, niederen Menschen«. Der theosophisch-pantheistische Grundzug der »theoretischen« Kabbala* und das Seelenläuterungs-Programm der talmud*-strengen »praktischen« Kabbala werden ihrer geheimwissenschaftlichen Esoterik bzw. ihres lebensfeindlichen Asketismus entkleidet und – für den kenntnislosen, einfachsten einzelnen aus der jüdischen Bevölkerung – zu einer spontan verständlichen, lebensnahen, daseinsbejahenden und zutiefst emotionalen Offenbarung von Gottes Schöpfungsgegenwart und Gnadenbereitschaft verschmolzen. Die Stifter, Garanten und Vermittler dieses neuen Glaubensgeistes in den Volksmassen aber sind die

Zaddikim. Und so verkünden die Berichte der Chassidim, beginnend mit den *Schibche ha' Bescht* (Lobpreisungen des Bescht, 1815), wie Evangelien sowohl das Heilswissen der Meister als auch den Mythos von deren ans Wunderbare, Übermenschliche grenzenden Heiligkeit.

Die vorliegende Auswahl läßt diese »legendäre Wirklichkeit« (Buber) unberücksichtigt; sie verzichtet auf jeglichen Versuch einer Porträtierung der einzelnen Zaddikim-Gestalten. Gleichwohl konzentriert auch sie sich auf den spezifisch »mündlich« strukturierten Texttyp des »populären« chassidischen Schrifttums. Daher bildet das *berichtete Wort* den Hauptbestandteil der nachfolgenden Anthologie, die durch Auswahl und Anordnung die »chassidische Weisheit« selbst zum Sprechen bringen will.

# Die frohe Botschaft und der Sinn des Widersinns

*Gott in Seiner Schöpfung.* Gerne berief sich der Bescht auf den Schriftvers: »Von seiner Herrlichkeit ist die ganze Erde erfüllt« (Jesaja 6, 3) – ist er doch der Kernsatz der von ihm begründeten Lehre. Er sprach: »Der Mensch sei stets dessen eingedenk, daß die ganze Erde von der Ehre des Schöpfergotts erfüllt ist, und daß Seine Herrlichkeit immer in nächster Umgebung ist, und daß Er gleichsam das Haarfeinste des Haarfeinen ist, und daß Er der Herr ist von jeglichem Geschehen in der Welt, und daß Er imstande ist, jeglichen meiner Wünsche Wirklichkeit werden zu lassen, und daß es folglich das Allerbeste ist, einzig und allein auf Ihn zu bauen, Ihm zu vertrauen.«

*Überall zugegen.* In seinen Kinderjahren wurde der Gerer[1] einmal von seiner Mutter zum Ko-

---

1 Zu den einzelnen chassidischen Rabbis bzw. Maggidim* (Predigern) vgl. die Zaddikim*-Liste im Anhang.

zienicer Maggid mitgenommen. Dort wollte jemand von ihm wissen: »Einen Gulden kriegst du von mir, kleiner Isaak, wenn du mir verraten kannst, wo Gott zu Haus ist.« »Und von mir kriegst du zwei Gulden, wenn du mir verraten kannst, wo Er nicht zu Haus ist«, gab er dem Mann zurück.

*Die eingeschränkte Gottheit.* Der Große Maggid lehrte: »Ohne die Selbsteinschränkung Gottes wäre die Schöpfung nicht möglich gewesen, und Seine Gottheit wäre unbekannt. Einem Vater gleicht sie, der seiner Intelligenz Schranken auferlegt und sich auf die Verstandesebene seines kleinen Kindes herabbegibt, wenn er, aus Liebe, mit ihm reden will. Dergestalt schränkte Gott sich ein, damit Er an Seiner Liebe zu Seinen Geschöpfen zu erkennen sei.«

*Die Eingrenzung des Göttlichen.* Rabbi Nachum von Tschernobyl lehrte: »Die Gottheit im Menschen ist begrenzt, weil die menschliche Fähigkeit, sie in sich aufzunehmen, begrenzt ist. Die Gottheit hat keine Grenzen, aber der endliche Mensch ist außerstande, dies zu begreifen. Die Gottheit erschuf den Stoff, damit der Mensch, der aus Stofflichem und Seelischem besteht, sich einen Begriff von ihr machen könne. Demzufolge darf jedweder Stoff als ein Gleichnis gelten, durch das man der Gottheit innewerden kann.«

*Der Urgrund.* Rabbi Abraham der Engel sprach: »O Schöpfer, wäre ein Tüttelchen Seiendes denkbar ohne Deine Wirkkraft und Deine Fügung, wozu brauchten wir da noch die irdische Welt, und wozu noch die künftige Welt; wozu brauchten wir da noch die Herabkunft des Erlösers, und wozu noch die Auferstehung der Toten! Welche Befriedigung sollte da aus alldem noch kommen, und was wäre sein Sinn und wahrer Bestand?«

*Gottgewollt an seinem Ort.* Rabbi Bunam spazierte einst, begleitet von einigen Schülern, in der freien Natur. Er beugte sich zum Wegrand hinunter, nahm ein Klümpchen trockenen Lehm in die Hand, besah es sich und legte es wieder an seinen Platz zurück. »Wessen Glauben«, sagte er, »nicht miteinbegreift, daß dieses Klümpchen an eben dieser Stelle liegt, um dem Geheiß des Herrn zu entsprechen, der hat den wahren Glauben nicht.«

*In Gott.* Der Korezer sprach: »Jedermann ist es möglich zu wissen, wer dem Herrn wirklich dient und wer radikal böse ist. Dieses Wissen erlangt man durch Gott, der jedermann in sich schließt. Die Welt geht auf in Gott.«

*Die immerwährende Schöpfung (1).* Der Bescht sprach: »Es steht geschrieben: ›Sie ist alle Morgen neu, und deine Treue ist groß‹ (Klagelieder 3, 23). Der Mensch soll glauben, daß die Welt jeden Tag neu geschaffen und er selbst jeden Morgen neu geboren wird. Da wird er erstarken in treuer Hingabe und seinen Gottes-Dienst täglich mit frischem Eifer darbringen.«

*Morgendliche Auferstehung.* Frühmorgens einmal, nachdem er das Gebet gesprochen hatte, sagte der Kozker folgendes: »Heute, beim Aufwachen, hatte ich das Gefühl, nicht wirklich am Leben zu sein. Ich öffnete die Augen und sah mir meine Hände an und wurde gewahr, daß ich imstande bin, sie zu gebrauchen, und ich reinigte sie; und ich sah mir meine Füße an und wurde gewahr, daß ich imstande bin, mit ihnen zu gehen, und ich lief ein wenig umher. Segnend kam's mir darauf über die Lippen: ›Gesegnet seist Du, Ewiger, Wiederbeleber der Toten‹ (Tefillah*), und ich gewahrte, daß ich wirklich am Leben bin.«

*Die immerwährende Schöpfung (2).* Rabbi Bunam sprach: »Sinngemäß lauten die ersten Worte der Thora\*: ›Im Anbeginn von Gottes Erschaffen des Himmels und der Erde …‹. Denn bis zum heutigen Tag ist die Welt vom göttlichen Schaffen durchwaltet, das heißt, in unvollendetem Zustand. Sie gleicht nicht einem Gerät, das der Handwerker herstellt, das dann irgendwann fertig ist und ohne ihn fortbesteht. Vielmehr bedarf sie des ständigen Einwirkens jener Kräfte, aus denen sie einst hervorging und die sie unablässig neu gestalten. Ließen diese Kräfte auch nur einen Augenblick von ihr ab, dann würde die Welt zurückfallen in urzeitliches Chaos.«

*Der das Sein erhält.* Der Kobryner saß einmal mit seinen Chassidim beim Sabbatmahl. Da hielt er ein Stückchen Brot hoch und sprach: »Die Schrift sagt uns, ›daß der Mensch nicht lebe vom Brot allein, sondern von allem, das aus dem Mund des Herrn geht‹ (Deuteronomium 8, 3). Nicht das materielle Brot hält den Menschen am Leben, sondern die lebendigen Funken\* göttlicher Kraft, die es in sich birgt. Wißt ihr, wo Gott ist? In diesem Brot hier! Wie alle endlichen Dinge hat es Bestand dank Gottes lebenspendender Kraft. Weicht sie und entflieht, so zerstiebt es ins Nichts.«

*Blick in den Urgrund.* Der Ljadyer, der unmittelbar vor dem Verscheiden seinen Enkel mit der Frage verwirrte, ob er denn irgend etwas sehen könne, gab dem Sprachlosen selbst die Antwort: »Ich nämlich seh' nur noch das schöpferische Nichts, das alles Endliche mit Sein erfüllt.«

*Der Beweggrund.* Der Bescht sprach: »Der Mensch ist dort, wo seine Gedanken gerade weilen. Gott ist auch in der Missetat: Ohne Seine Bewilligung oder Ermächtigung zum äußerlichen oder innerlichen Aktivwerden ist keinerlei Frevel möglich. ›Du machst alles lebendig‹ (Nehemia 9, 6) – so sagt es klar die Schrift.«

*Vorn eins.* Den Schriftvers: »Und du wirst meinen Rücken sehen. Mein Angesicht aber kann niemand sehen« (Exodus 33,23) erläuterte der Kozker so: »Aller Widerspruch und Widersinn, der den Sterblichen in die Augen fällt, gilt als Rückseite des Herrn. Sein Angesicht aber, wo völliger Einklang herrscht zwischen allem und jeglichem, kann kein Sterblicher sehen.«

*Oben eins.* Der Mogielnicer sprach: »Wie man weiß, sind die auf den ersten Blick miteinander unvereinbaren Satzungen unserer weisen Väter nur unterschiedliche ›Reden aus Gottes heiligem Mund‹. Jeder kam, seiner eigenen Verankerung im himmlischen Ursprung entsprechend, zu seinen Schlüssen; und in der oberen Welt sind ihrer aller Aussagen im Stande der Wahrheit; dort nämlich existieren keine unversöhnlichen Widersprüche, und sämtliche Entgegensetzungen, so auch die von Zulässigkeit und Unzulässigkeit, Strafwürdigkeit und Straffreiheit, sind dort zu *einem* zusammengeschlossen. Erst bei ihrer Ausgießung in die untere Welt scheiden sie sich in das, was untersagt, und das, was gestattet ist.«

*Kein Unglück auf Erden.* Der Lubliner wurde von einem Chassid gefragt: »Der Aufforderung aus der Mischna*: ›Mit Lob und Preis danke der Mensch für das Elend‹ fügt die Gemara* noch hinzu: ›freudvoll und heiteren Sinnes‹. Wie soll denn das möglich sein?« Der Rabbi, der die innere Betroffenheit des Fragenden heraushörte, gab ihm zur Antwort: »Du, mein Lieber, begreifst den Zusatz der Gemara nicht; und was mich angeht, ich begreife den Satz der Mischna nicht. Denn Elend – gibt es das wirklich auf der Welt?«

*Das dienstbare Böse (1).* Die ständig wiederkehrende Frage, wie denn die Schechina*, die alle Welten und alle Erschaffenen, die Guten samt den Bösen, in sich schließt, in ein und derselben umschlossenen Ganzheit den radikalen Gegensatz des Guten und des Bösen zum Einklang bringen könne – diese Frage beantwortete der Bescht so: »Nun, das kann sie, weil in Wahrheit das Böse nichts als der Thron des Guten ist, wie beispielsweise dann, wenn der Gerechte dem Handel und Wandel der Gottlosen zusieht und dergestalt seiner Rechtschaffenheit gewahr und in ihr bestärkt wird.«

*Das dienstbare Böse (2).* Der Zloczower Maggid wurde von einem Chassid gefragt: »Im Talmud* lesen wir, das Kind im Mutterschoß überblicke die Welt von Pol zu Pol und erlerne die ganze Thora*; sobald es aber hinausgehe in die Luft des Erdendaseins, berühre ein Engel ihm die Lippen, und schon habe es alles vergessen. Das versteh' ich nicht – wie geht das zusammen: zuerst in der Fülle des Wissens zu sein und dieses dann zu vergessen?«

»Im Innern des Menschen«, antwortete der Maggid, »bleiben Spuren erhalten; durch sie ist es ihm möglich, erneut zum weltlichen und geistlichen Wissen vorzudringen und mit des-

*»Es steht geschrieben …«*
Zaddik und Chassid im Gespräch

sen Hilfe den gottgefälligen Dienst zu vollbringen.«

»Aber wozu ist der versiegelnde Akt des Engels erforderlich?« fragte der Chassid wieder. »Ohne dieses Versiegeln gäbe es das Böse nicht.«

»Ganz recht«, erwiderte der Maggid, »aber ohne das Böse gäbe es auch das Gute nicht. Das Böse nämlich ist der Widerpart des Guten. Ewig währendes Wohlgefühl wird nicht als solches empfunden. Dies führt zum Sinn des Glaubenssatzes, daß die Erschaffung der Welt nur *einen* Zweck hatte – den geschaffenen Wesen zu ihrem Wohl zu verhelfen; die Verborgenheit des Schöpfers – sie sichert das Wohl seiner Geschöpfe. Eben deshalb sagt auch die Schrift über den ursprünglichen Adam*: ›Es ist nicht gut, daß der Mensch allein sei‹ (Genesis 2, 18), das heißt, des hinderlichen Widerspiels des bösen Triebes ledig sei, wie er's war vor dem Aufgang der Welt. Das Gute nämlich kann nicht sein, wenn sein Widerpart nicht ist. Nur durch beider Widerstreit ist dem Menschen die Wahl gegeben und der Sieg ermöglicht: die Sache des Guten zur seinen zu machen und das Böse von sich abzutun; und nur daraus erwächst und besteht das eigentlich Gute.«

*Das dienstbare Böse (3).* Der Korezer lehrte: »Der Mensch kann nicht wissentlich gut sein, ehe er nicht das Böse kennt. Keiner weiß die Lust zu würdigen, ehe er nicht den Schmerz gekostet hat. Gott ist nur die Kehrseite des Bösen und die Lust nur das Gegenteil der Angst.

Und Gott der Herr sprach: ›Es ist nicht gut, daß der Mensch allein bleibt; ich will ihm eine Hilfe machen, die ihm entspricht‹ (Genesis 2, 18). – Und Gott sprach: ›Es kann nichts Gutes im Menschen sein, solange er allein und innerlich ohne jede böse Regung ist. Ich will ihn mit der Fähigkeit begaben, Böses zu tun, und mit ihrer Hilfe wird er fähig sein, Gutes zu tun, wenn er in sich die Veranlagung zum Bösen bezwingt.‹ Ohne böse Regung könnte der Mensch nichts Böses tun; Gutes aber ebensowenig.«

*Die dienstbaren Gegensätze.* Der Bescht erläuterte eine Passage aus den Pirke Awot*: »Was das Almosenspenden betrifft, so gibt es vier Veranlagungen: den, der den Wunsch hegt, selbst zu spenden, nicht aber, daß andere spenden; den, der den Wunsch hegt, daß andere spenden, nicht aber er selbst; den, der spendet und will, daß andere spenden; den, der selbst nicht spendet und auch nicht will, daß andere

spenden. Der letztere scheint mit Almosenspenden nichts zu tun zu haben; also gibt es
offenbar nur drei Veranlagungen. Weshalb
werden jedoch vier erwähnt? Das Licht exi-
stiert, wie man weiß, weil es die Finsternis gibt;
die Klugheit, weil es die Torheit, die Rechtschaffenheit, weil es die Schlechtigkeit gibt; die
Lust, weil es den Schmerz, die Erinnerung, weil
es die Vergeßlichkeit gibt. Das eine ist der Stuhl,
auf dem das andere sitzt; das eine ist wie jemand,
der einen Gegenstand in der emporgehobenen
Hand hält, und das andere ist wie der Gegenstand, der so gehalten wird. Gleichermaßen ist
der Hartherzige der Stuhl, auf dem der Mildtätige sitzt oder die Hand, die den Mildtätigen
emporhält.«

*Das kleinere Übel.* Rabbi Sussja sagte einst zu
seinem Bruder, dem Lisensker: »Melech, Lieber, ich hab' in heiligen Büchern gelesen, daß
alle Seelen in Adams* Seele enthalten waren –
also auch deine und meine. Wie konnte ich, wie
konntest du es nur zulassen, daß er die Frucht
vom Baum der Erkenntnis aß?«

Der Lisensker erwiderte: »Uns und allen andern blieb ja keine bessere Wahl. Denn hätte
Adam nicht gesündigt, dann wär' er nur noch
von dem einen Gedanken besessen gewesen,

daß seine ganzen Schwächen auf Gottes Verbot zurückzuführen seien, der nicht haben wollte, daß er, Adam, Ihm gleich und damit zum Rivalen werde. Dieses Gedankengift, eindeutig schlimmer als die Sünde – es hätt' ihn ewiglich zerfressen.«

*Aufgewogen.* Rabbi Bunam sprach: »Der Herr gebietet uns, für den Loskauf unserer Seelen einen halben Schekel* zu geben (Exodus 30, 13). Warum nur einen halben? Weil eine Hälfte der Schuld zu Lasten Gottes geht – hat Er uns doch mit dem Trieb zur Sünde ausgestattet.«

*Das lehrreiche Böse.* Der Belzer sprach: »Oftmals werden wir Zeuge, mit welcher Umsicht und Gründlichkeit ein Böser eine Tat aussheckt und mit welch unermüdlicher Anstrengung er sie ins Werk setzt. Könnte uns dies nicht ein nachahmenswertes Vorbild sein, wenn wir uns bemühen, eine gute Tat zu vollbringen?«

*Chassidische Arzneikunde.* Der Miedžybožer hatte einst für seine erkrankte Tochter Arzneien aus der Stadt besorgen lassen. Angesichts der auf dem Fensterbrett aufgereihten Fläschchen wurde er nachdenklich und sprach: »Sofern Gott beschlossen hat, daß mein Töchterchen gesunde, wäre eigentlich keinerlei Arznei nötig. Doch wenn Er seine wunderwirkende Kraft vor aller Welt sichtbar werden ließe, wäre es mit der freien Wahl der Menschen vorbei; dann nämlich würden sie wissen. Die Wahl aber will Er ihnen lassen; so birgt Er sein Wirken in den Gestaltungen der Natur – drum hat Er die Heilkräuter geschaffen.«

Im Zimmer hin und her gehend, unterbrach er für einige Augenblicke sein Selbstgespräch, um sich dann zu fragen: »Warum aber müssen es Gifte sein, die der Kranke als Medizin zu sich nimmt?« Und er antwortete: »Die Funken*, die beim ursprünglichen Schöpfungswerk in die Schalen* der ganzen Kreatur gefallen sind, in die Hüllen der Gesteine, der Pflanzen und Tiere – sie werden durch die andächtige Inbrunst des Frommen Stufe um Stufe gehoben. In heiligmäßiger Ausrichtung bearbeitet er sie, verleibt er sie sich ein und führt sie so zur göttlichen Wurzel empor. Wie aber wird jenen Funken Erlösung, die in die giftigen Substanzen und Pflanzen fielen? Zu ihrer Befreiung hat Gott sie den Kranken zugedacht – jedem einzelnen Erkrankten die Behälter der Funken, die zuinnerst seiner Seele verschwistert sind. Folglich wird für die Gifte der Kranke zum Arzt, der sie heilt.«

*Kuren.* Der Kobryner sprach: »Wenn einem Menschen Leiden widerfahren, sollte er nicht sagen: ›Böses mach' ich durch‹, denn der Herr verhängt nichts Böses. Er sollte lieber sagen: ›Bittres mach' ich durch‹, denn oft ist ja der Heiltrank bitter, den der Arzt dem Kranken reicht.«

# Gottverbundenheit, Zuversicht und Gottvertrauen

*Das stets Verfügbare.* Rabbi Bunam sagte zu seinen Chassidim: »Zwei Taschen braucht dringend jeder von euch, damit er, den jeweiligen Erfordernissen entsprechend, in die eine oder die andere hineinlangen kann. Die rechte hält den Talmud*-Satz bereit: ›Um meinetwillen ward die Welt erschaffen‹, und die linke den Schriftvers: ›Ich bin Staub und Asche‹ (Genesis 18, 27).«

*Väterliche Distanz.* Der Bescht wurde einst von einem Chassid gefragt, wie es komme, daß einer, der sein Sinnen und Trachten ganz auf den Herrn ausgerichtet hat und sich ihm nah verbunden fühlt, Phasen des Abgetrenntseins und der inneren Ferne durchmache.

Der Meister antwortete: »Ein Vater, der seinem kleinen Sohn das Gehen beibringen will, tut dies so: Er läßt das Kind sich auf Armeslänge Abstand vor ihm aufstellen, führt beiderseitig die Handflächen nah an es heran, daß es nicht kippen kann; und so bewegt es sich, von den Vaterhänden vorsorglich umhegt, auf ihn zu. Sobald es jedoch bei ihm ist, weicht er ein Stückchen zurück und vergrößert den schützenden Abstand der Hände – und setzt das Ganze weiter fort. Auf diese Weise lernt der Kleine das Gehen.«

*Nur in den Augen der Schafe.* Den Schriftvers: »Ich sah ganz Israel über die Berge zerstreut wie Schafe, die keinen Hirten haben« (1. Könige 22, 17) erläuterte Rabbi Bunam so: »Das besagt nicht, daß der Hirte abwesend sei. Vielmehr ist er ständig zugegen. Freilich hält er sich bisweilen verborgen, so daß die Schafe meinen, er sei abwesend, weil er für sie nicht sichtbar ist.«

*Nicht sichtbar.* Der Sassower sprach: »So hilf uns doch, o Herr, obwohl Du nichts Gutes in uns siehst, weil wir doch an Dich glauben, obwohl wir Dich nicht sehen.«

*Kredo.* Einmal, als Rabbi Noach von Lechowitz gerade auf seinem Zimmer weilte, bekam er zufällig mit, wie in der angrenzenden Betstube einer seiner Chassidim das Glaubensbekenntnis aufsagen wollte, aber gleich zu Beginn nach dem Satz »Ich glaube in vollkommenem Glauben« innehielt und vor sich hin murmelte: »Ich begreif' es nicht – ich begreif' es nicht.« Der Rabbi verließ sein Zimmer und ging in die Betstube. »Sag mir, mein Lieber, was begreifst du nicht?« wollte er wissen. »Ich kann nicht begreifen, wie das zugeht«, entgegnete der Chassid. »Da sprech' ich: ›Ich glaube‹ – aber wenn ich wahrhaftig glaube, wie ist es dann möglich, daß ich Böses tue? Hab' ich aber keinen wahrhaften Glauben, wieso behaupte ich dann, was gelogen ist?« »Die Formel ›Ich glaube‹«, antwortete der Zaddik, »gilt, soviel ich weiß, als eine Art Stoßgebet. ›Daß ich doch glaubte!‹ ist sein Sinn.« »Ja – das ist gut!« rief inbrünstig entflammt der Chassid. »Ja, das ist gut! Daß ich doch glaubte, Schöpfer des Alls! Daß ich doch glaubte!«

*Das Versteckspiel.* Der Große Maggid sprach: »Ein Vater spielte mit seinem kleinen Sohn. Zum Spaß versteckte er sich, und alsbald ging der Kleine ihn suchen und fand ihn schließlich. Dies steigerte die Zuneigung seines Vaters zu ihm. In ähnlicher Weise versteckt sich Gott gelegentlich, und wenn wir, auf der Suche nach Ihm, Ihn endlich finden, dann liebt Er uns um so mehr.«

*Gotteskindschaft (1).* Am Rosch-ha-Schana*
pflegte der Berditschewer die festtägliche Tefillah* im Bethaus mit folgendem in der Mundart
des Volkes vorgetragenen Sprechgesang einzu-
leiten, der wiederkehrende Wendungen aus der
Thora* zur leidenschaftlichen Anrufung Gottes verflocht: »Ich, Levi Isaak von Berditschew,
trete nun vor Dich, mit meiner Fürbitte und
meinem Gebet: Was bindet Dich an Israel? Es
heißt: ›Rede!‹ Zu wem redest Du? Den Kindern
Israel. Es heißt: ›So sollt ihr segnen!‹ Wen be-
fiehlst Du zu segnen? Die Kinder Israel. Darum
frage ich Dich ja: Was bindet Dich an Israel? Du
hast doch all die Chaldäer, Perser, Ismaeliter,
Midianiter, was bindet Dich also gerade an
Israel? Und wie ist da zu antworten? Durch
den einzigen zwingenden Schluß, daß sie Dir
ans Herz gewachsen sind, die Kinder Israel,
weshalb sie die Kinder Gottes heißen. Und darum – gesegnet seist Du, unser Gott!«

*Gotteskindschaft (2).* Der Rabbi Bunam sprach:
»Wenn ich die Welt betrachte, kommt mir oft-
mals das ganze All vor wie eine tote Wüstenei,
in der ich als einziger Lebender noch übrig bin.
Wen sonst kann ich da um Hilfe bitten außer
Gott?«

*Beiden zugetan.* Das Wort der Schrift: »Bin ich denn ein Gott, der nahe ist, spricht der Herr, und nicht vielmehr ein Gott, der ferne ist?« (Jeremia 23, 23) deutete der Kozker so: »›Der nahe ist‹, das ist an den Rechtschaffenen gerichtet; ›der ferne ist‹, das ist an den Frevler gerichtet. ›Ist es mir denn besonders um den mir Nahgerückten, den Rechtschaffenen, zu tun?‹ spricht der Herr, ›und nicht gleicherweise um den Frevler, den mir Ferngerückten?‹«

*Überbezahlt.* Den Psalmvers: »Und Du, Herr, bist gnädig, und bezahlst einem jeglichen, wie er's verdient« (Psalmen 62, 13) kommentierte der Bescht einmal so: »Die Frage stellt sich: Wodurch erweist Er sich gnädig, wenn Er einem Menschen bezahlt, wie er's verdient? Die Antwort lautet, daß Gott es ist, der es dem Menschen ermöglicht, gute Taten zu vollbringen. Des Menschen Werk ist von geringem Verdienst, doch Er entlohnt den Menschen, als hätte dieser es allein, aus eigner Anstrengung und Kraft, vollbracht.«

*Der eigenen Gutheit trauen.* Der Berschader sprach: »Der Mensch sollte seine Fähigkeit, Gutes zu tun, nicht kleingläubig in Frage stellen. Er treffe nur seine Wahl, und Gott besorgt den Rest. Oder sind Gottes Fähigkeiten irgendwelche Grenzen gesetzt?«

*Schrankenlos gnädig.* Der Berditschewer las im Jom-Kippur*-Gebet die Worte: »Wir sind voll der Sünde, aber Du bist voll der Gnaden.« Da rief er aus: »O Herr! Bedenke, wie bedeutungslos wir sind und wie bedeutungslos die Sünden sind, die wir in unserer Nichtigkeit überhaupt zu begehen vermögen. Du aber bist schrankenlos, und Deine Gnaden haben keine Grenze. Wie sollst Du da imstande sein, sie uns gegenüber einzuschränken?«

*Sündenjuwelen.* Beim Aufsagen der Slichot* rief der Sassower aus: »O Herr, bedenke nur, daß Du wohl oder übel darauf angewiesen bist, daß Israel sündige um der Vollendung Deiner dreizehn Eigenschaften des Erbarmens* willen, die wie dreizehn Edelsteine in ›Deiner Krone‹ sind. Andernfalls würden Dir zwei Deiner kostbarsten Edelsteine fehlen – ›Er bewahrt Tausenden Huld; nimmt Schuld, Frevel und Sünde weg‹ (Exodus 34, 7); und Deine Krone würde viel von ihrem Glorienschein einbüßen. So tragen die Kinder Israel noch durch ihr sündiges Tun zu Deiner Glorie bei und verdienen es, mit Nachsicht behandelt zu werden.«

*Himmlische Ration.* Der Rabbi Bunam sprach: »Noch immer kommt täglich genügend Manna herab, um den Mindestbedarf jedes einzelnen zu decken. In der Wüste kam es dem einzelnen ohne irgendwelche Mühsal zu; heute hingegen wird es an jeden von uns dank unserer körperlichen oder geistigen Mühe verteilt.«

*Gemilderte Gnaden.* Rabbi Sussja wurde gefragt: »In der Tefillah\* heißt es: ›Schenk uns Deine gute Liebe‹ und ›der gute Liebestaten erweist‹. Ist denn Gottes Liebeswerk nicht grundsätzlich gut?«

»Aber natürlich ist es das!« erwiderte Rabbi Sussja. »Jede der göttlichen Liebestaten ist gut. Aber genau besehen ist alles, was der Herr bewirkt und tut, ein Werk der Liebe. Nur wäre die Welt freilich außerstande, die unverhüllte Mächtigkeit Seiner Liebestaten auszuhalten. Deshalb hat Er ihnen Kleider angezogen. Und nun ersucht Ihn die Tefillah um solche Liebestaten, bei denen auch das Kleid gut ist.«

*Die strenge Güte.* Der Lentschnoer lehrte: »Es gibt zweierlei Fürsorge. Ein fürsorglicher Mensch mag einem Kranken Geld geben und es ihm überlassen, seinen Zustand aus eigener Anstrengung heraus zu verbessern. Ganz anders verhält es sich mit einem fürsorglichen Vater und seinem erkrankten Sohn. Im Bemühen, ihn von seinem Übel zu heilen, setzt der Vater alle erdenklichen Mittel ein – notfalls auch eine qualvolle Operation. Der Herr begnügt sich nicht damit, uns nur unsere Sünden zu verzeihen und uns die Gelegenheit zu geben, sie durch lauteres Handeln wiedergutzumachen. Er möchte an unserer Verbesserung tatkräftig mitwirken. Deshalb sendet Er uns Lehrer – zu unserer Abkanzlung, Unterrichtung und Beeinflussung. Erweist sich dies als unzulänglich, dann sendet Er Drangsale herab, genau wie der sterbliche Vater es um der Genesung seines Sohnes willen zuläßt, daß dieser vorübergehend Qualen leidet. Oftmals sind wir jedoch außerstande, die Strafen des Herrn zu ertragen, obgleich uns bewußt sein mag, daß sie der Gipfel des Mitgefühls sind. Darum flehen wir Ihn an, Seine Fürsorge auf das uns erträgliche Maß einzuschränken.«

*Die kindische Furcht.* Der Große Maggid sprach: »Ein Vater nahm seinen kleinen Sohn, der hingefallen war, auf die Arme; da bemerkte er einen Splitter im Fuß des Jungen und zog ihn heraus, ohne sich um die Schmerzensschreie des Kleinen zu kümmern. Dann sagte er: ›Wenn du beim Spielen nicht besser achtgibst, wirst du wieder den gleichen Schmerz leiden müssen wie gerade eben.‹ Beide hatten Angst: der Vater, daß sich der Fuß seines Sohnes womöglich entzünden würde; der Sohn, daß ihm wieder unter Schmerzen ein Splitter herausgezogen werden könnte. Der Vater fürchtete die Wunde, der Sohn das Heilverfahren. Genauso verhält es sich, wenn Gott uns straft, um uns von unseren Sünden zu heilen. Er fürchtet den Schaden, den unsere Seele nehmen könnte, aber wir fürchten die Strafe, die ein Heilverfahren ist. Hören wir auf, Kinder zu sein, und begreifen wir endlich, was uns wahrhaftig mit Furcht erfüllen sollte.«

*Wodurch die Vergeltung möglich wird.* Der Bescht sprach: »Wird im Himmel verfügt, daß einem Sünder seine Strafe zuzumessen ist, dann wird die Kraft des Gottvertrauens von ihm genommen.«

*Besorgnisverbot.* Der Lechowitzer sprach: »Sich zu ängstigen, ist Sünde. Nur *eine* Art der Ängstigung ist erlaubt: sich zu ängstigen, weil man sich ängstigt.«

*Bläserandacht.* Der Berditschewer suchte einen Schofar*-Bläser. Viele bewarben sich um die

---

Stelle, und jeden fragte er, welche mystischen Kawwanot* ihm beim Schofarblasen durch den Sinn gingen. Keine Antwort gefiel ihm – bis schließlich einer sagte: »Rabbi, ich bin ungebildet und kenne keine mystischen Kawwanot; aber ich hab' vier Töchter zu verheiraten und kein Geld für ihre Aussteuer. Drum denk' ich beim Schofarblasen: ›O Herr der Welten, ich hab' meine Pflicht getan und Dein Gebot befolgt; jetzt tu auch Du Deine Pflicht, und schick mir würdige Gatten für meine Töchter.‹« Den ernannte der Rabbi zum Schofarbläser.

*Der Hahnenschrei.* Ein Prediger beschloß, sich in einem kleinen Städtchen niederzulassen. Als er dem Raw* der Gemeinde begegnete, tat er diesem seine Absicht kund. Der Raw war bestürzt und protestierte: »Aber die Gemeinde bezahlt ihrem Raw nur eine verschwindend kleine Summe; wie wollt Ihr da auch noch ein Auskommen finden?«

Der Große Maggid beantwortete die Frage dieser kleinen Geschichte mit einem Gleichnis: »Eine Gans, die einem gedankenlosen Halter gehörte, litt häufig Hunger, da ihr Herr vergaß, sie zu füttern. Eines Tages kaufte der Mann einen Hahn und setzte ihn zur Gans in denselben Stall. Die Gans war in großer Sorge: ›Jetzt werd' ich sicher verhungern. Wir zwei sollen uns von meiner kleinen Portion ernähren!‹ ›Nur keine Angst!‹ erwiderte der Hahn, ›Ich kann krähen, wenn ich Hunger habe, und das wird eine Gedächtnishilfe für unseren Halter sein. Dann bekommen wir beide zu essen.‹«

*Gnadenvorrang.* Eine Frau kam zum Belzer und ersuchte ihn inständig, für sie zu beten. Der Rabbi sagte: »Aber hast du auch genügend Glauben an die Wirksamkeit meines Gebets?« Die Frau entgegnete: »Die Schrift sagt uns, daß Israel am Roten Meer zuerst errettet wurde und dann glaubte.« Der Rabbi lächelte und sprach ein Gebet für sie.

*Heilsame Verblendung.* Ein Ungläubiger machte gegenüber dem Berditschewer geltend, daß selbst die großen Meister aus alter Zeit zutiefst im Irrtum verstrickt gewesen seien. Rabbi Akiba* zum Beispiel habe Bar Kochba* für den Messias gehalten und sich dessen Führung unterworfen.

Daraufhin erzählte ihm der Zaddik folgendes Gleichnis: »Ein Kaiser hatte einen einzigen Sohn, und der erkrankte schwer. Ein Arzt empfahl, auf ein Leintuch eine brennende Salbe aufzutragen und es um den nackten Leib des Patienten zu wickeln. Ein zweiter Arzt hingegen riet davon ab, da der Junge zu anfällig sei, um die Schmerzen auszuhalten, die die Salbe hervorrufen würde. Hierauf schlug ein dritter Arzt einen Schlaftrank vor; ein vierter aber gab besorgt zu bedenken, daß dieser das Herz des Patienten gefährden könne. Schließlich empfahl ein fünfter Arzt, den Schlaftrank dem Patienten löffelweise einzuflößen, und zwar in Stundenabständen, immer dann, wenn er aufwache und das Brennen der Salbe ihn quäle. Und demgemäß wurde verfahren. Nun denn – als Gott erkannte, daß Israels Seele sterbenskrank war, wickelte Er sie in das beißende Leintuch des Exils, senkte aber, daß sie den Schmerz aushielte, den Schlaf der Benommenheit über sie. Damit sie jedoch in diesem nicht gänzlich erlösche, weckt Gott sie stundenweise mit dem Wunschbild eines falschen Messias, um sie neuerlich in Schlaf zu versetzen, bis die Nacht dann verstrichen und die Ankunft des wahren Messias bereitet ist. Diesem Werk zuliebe werden die Augen der Meister manchmal mit Blindheit geschlagen.«

*Die fünfzigste Stufe (1).* Der Bescht lehrte: »Im Talmud* lesen wir, daß Moses von fünfzig Türen des Begreifens neunundvierzig offenstanden. Aber da der Mensch stets nach umfassenderem Wissen strebt – wie ging Moses weiter vor? Die Antwort ist diese: als sich ihm die fünfzigste Tür, die dem menschlichen Geist versiegelt und verweigert ist, nicht öffnen wollte, verlegte er sich auf den Glauben und sann erneut über jene Bereiche des Wissens nach, die ihm zugänglich waren. Auf eben diese Weise sollte jedermann seinen Geist schulen. Er sollte unter Aufbietung all seiner Fähigkeiten lernen und nachdenken. Kommt sein Verständnis an einen Punkt, den es unmöglich überschreiten kann, dann mag er sich auf den Glauben verlegen und wieder jenen Studien zuwenden, die seiner Auffassungsgabe entsprechen. Dem Nachforschen des Weisen ist, wie dem des Unwissenden, eine bestimmte Grenze gesetzt – jenseits davon ist beider Erkenntnisvermögen gleich. Vielleicht spötteln ja einige über dich mit dem Vers: ›Ein Unverständiger glaubt alles‹ (Sprichwörter 14, 15); aber du kannst sie ruhig an einen anderen Vers erinnern: ›Der Herr behütet die Einfältigen‹ (Psalmen 116, 6).«

*Die fünfzigste Stufe (2).* Ein Schüler des Miedžybožers hatte sich heimlich ins Studium von Gottes Sein und Wesen versenkt und seine tiefsinnigen Meditationen so weit vorangetrieben, daß ihn nachgerade grüblerische Zweifel und Zwangsgedanken bedrängten, die selbst dem für ihn bislang Verbürgtesten den sicheren Boden entzogen. Der Zaddik, beunruhigt durch das Wegbleiben seines sonst recht eifrigen Schülers, begab sich zu dessen Wohnort und suchte ihn auf. Kaum bei ihm eingetreten, sagte er zu dem Überraschten: »Ich kann in dein Innerstes sehen, mein Lieber. Du hast die fünfzig Tore des Begreifens durchschritten. Am Anfang steht ein halb sprachloses Wähnen; dem fügt sich durch ernsthaftes Sinnieren die lösende Antwort zu – und das erste Tor ist aufgetan, mit einer schon deutlicheren Frage dahinter. Abermals erwägt und bestürmt sie dein schürfender Sinn und findet die dazugehörige Antwort – das zweite Tor ist geöffnet, und du stehst vor dem nächsten Rätsel. Dergestalt setzt sich dein gedankenschweres Enträtseln von Tor zu Tor fort, bis auch das fünfzigste dir nachgegeben hat – und du dich geblendet jener Frage gegenübersiehst, der kein Sterblicher sich zu nahen vermag. Mit ihrer Gewahrwerdung nämlich wäre jegliches Wählen und freie Entscheiden vorbei. Wagst du dennoch unverfroren einen Vorstoß, so verschlingt dich das Bodenlose.« »Also muß ich Schritt für Schritt wieder dorthin kehren, wo mein Suchen begann?« rief der Bestürzte. »Kein Zurückgehen bedeutet deine Abkehr«, erwiderte der Zaddik, »– auf die andere Seite des fünfzigsten Tores bist du dann gelangt und befindest dich mitten im Glauben.«

*Wiederfinden und Entdecken.* Rabbi Bunam sprach: »Salomo rät uns: ›Suche sie (die Weisheit) wie Silber, und forsche nach ihr wie nach Schätzen‹ (Sprichwörter 2, 4). Es gibt zweierlei Suche. Einer mag hinter einem Schatz her sein, der angeblich irgendwo in seiner Nähe sein soll. Oder einer mag nach etwas fahnden, das er verloren hat. Der erste Suchende verausgabt sich nicht in seiner Nachforschung, aber wenn er den Schatz tatsächlich findet, ist er außer sich vor Freude. Der zweite bemüht sich gewissenhaft, den gesuchten Gegenstand ausfindig zu machen, empfindet aber, wenn er ihn aufstöbert, nicht übermäßig viel Freude, weil er ja nur wiedergewonnen hat, was er bereits besaß. Auf der Suche nach heiliger Weisheit sollten wir beides tun: uns gewissenhaft bemühen, als hätten wir sie verloren, und, da wir sie erlangen, außer uns sein vor Freude, als hätten wir einen großen Schatz ans Licht befördert.«

*Im Abglanz schauen (1).* Der Bescht sprach: »Zwei gingen zum königlichen Palast, um den

Regenten aufzusuchen. Am Eingang teilte man ihnen mit, daß der König am heutigen Tage keine Bittsteller empfangen wolle. Der eine machte sich unverzüglich davon; aber der andere verschaffte sich die Erlaubnis, die prachtvollen Gemälde und anderen kostbaren Gegenstände im Palast betrachten zu dürfen. Ähnlich verhält es sich, wenn – aufgrund der Tatsache, daß Gott für Sterbliche unbegreifbar ist – manche Lehrer und Philosophen behaupten, es sei nicht notwendig, die Thora* zu studieren und sich an sie und ihre Gebote zu halten: Ganz gleich – so versichern sie –, wie gründlich und bemüht einer studiere, er könne Gott nicht erkennen. Das ist verkehrt. Auch wenn wir den König nicht von Angesicht zu Angesicht erblicken, dürfen wir doch seine Schätze in seinem Palast betrachten und uns an ihnen, unter Beachtung der vorgeschriebenen Regeln, erfreuen. Mit anderen Worten: Wir dürfen Gottes Welt, Gottes Thora und Gottes Geschöpfe studieren und uns dadurch zumindest in der Nähe seiner Gegenwart aufhalten.«

*Im Abglanz schauen (2).* Der Große Maggid lehrte: »Ebenso wie der Mensch seinen Blick nicht geradewegs in die Sonne zu lenken vermag, aber sich ihr ausgesandtes Licht zunutze machen kann, vermag er auch nicht, Gott zu begreifen, kann sich aber ungehindert dessen Licht, das heißt die eigenen Gedanken und geistigen Regungen, zunutze machen.«

*Ans lautere Licht geträumt.* Der Korezer sprach: »Die Träume – was sind sie anderes als Absonderungen des Erkenntnisvermögens, das durch sie sich reinigt? Die angesammelten Wissensschätze der weltlichen Weisen – was sind sie anderes als Absonderungen des geoffenbarten Gesetzes, das durch sie sich reinigt? So sagt ja auch die Schrift: ›Wenn der Herr die Gefangenen Zions erlösen wird, so werden wir sein wie die Träumenden‹ (Psalmen 126, 1). Dann nämlich wird zutage treten, daß alles weltliche Wissen nur der Selbstreinigung des geoffenbarten Gesetzes diente – und alles Elend der Verbannung nur der Selbstreinigung des Erkenntnisvermögens der Kinder Israel; und Träumen gleich wird alles gewesen sein.«

*Der aus der Vernichtung kommt.* Der Korezer wurde gefragt: »Unsere Überlieferung hat den Tag der Zerstörung des Tempels\* als den Tag geweissagt, an dem der Messias geboren werden soll; wieso eigentlich?«

»Das in die Ackerkrume versenkte Korn«,

sagte der Zaddik, »muß vergehen, damit die neue Ähre aus ihm erwachse. Auferstehen kann die Kraft nur dann, wenn sie zuvor im bergenden Nichts aufgehoben war. Das Heraustreten aus der lebendigen Form, das Eingehen in die lebendige Form – das hat keine meßbare Spanne, keine zählbare Zeit. Geborgen in der Schale* des Vergessens keimt die Macht des Erinnerns. Und eben darin begründet sich die erlösende Macht. Am Tag der Zerstörung ist die erlösende Macht unter Trümmern begraben – und keimt aus dem Schutz dieser Schollen empor. Deshalb hocken wir am Gedenktag auf dem Boden und besuchen die Gräber unserer Toten; deshalb birgt er den Keim zur Geburt des Messias in sich.«

# Lebensfrohe Frömmigkeit

*Aufrecht huldigen.* Der Miedżybożer sprach: »Wir brauchen uns vor dem Herrn nicht mit unserem Leib zu verneigen. Verbeugen wir uns mit unserem Herzen und halten den Kopf erhoben.«

*Das Belebende.* Der Bescht sprach: »Halte die Zeit, die du mit Essen und Schlafen hinbringst, nicht für vergeudet. Die Seele in dir wird während dieser Pausen geschont und so befähigt, in frischer Begeisterung ihr heiliges Werk wiederaufzunehmen.«

*Tröstlicher Kompromiß.* Der Kossower lehrte, daß wir den Herrn stets in unseren Gedanken tragen sollten. Man fragte ihn: »Können wir denn auch an den Herrn denken, wenn wir mit Verkauf und Erwerb befaßt sind?« »Ja, freilich können wir das«, antwortete der Rabbi. »Wenn wir beim Beten imstande sind, an geschäftliche

Dinge zu denken, dann dürften wir wohl auch imstande sein, bei unseren Geschäften ans Beten zu denken.«

*Selig in Gottes Hand.* Der Lechowitzer lebte während seiner frühen Mannesjahre in außerordentlicher Armut. Sein Weib und seine Kinder mußten häufig Hunger leiden. Ein Verwandter wurde zufällig Zeuge, wie der Rabbi im Bethaus Hymnen sang. »Dein Weib und deine Kinder weinen«, sagte er, »und du singst!« »Sie dürfen ja wohl weinen«, antwortete der Rabbi, »weil sie von einem Sterblichen abhängen. Ich hingegen hänge vom Allmächtigen ab und habe Grund zum Singen.«

*Das Leben lohnt (1).* Den Schriftvers: »Welchen Vorteil hat der Mensch von all der Mühe, für die er sich abmüht unter der Sonne?« (Kohelet 1, 3) kommentierte der Korezer so: »Welcher zusätzliche Lohn gebührt denn dem Menschen, der für all die Mühe im Dienste Gottes dadurch entschädigt wird, daß er lebt und betrachtet, wie die Sonne auf ihn herabscheint, die ihm Lebensfreude bringt und Licht?«

*Das Leben lohnt (2).* Rabbi Bunam sprach: »Das Leben ist gut, denn es kann dem Menschen die

Freuden der künftigen Welt einbringen. Wer demzufolge das Leben offenkundig verachtet, indem er sich selbst zerstört, der hat seinen Anteil an der künftigen Welt verwirkt.«

*Hygiene.* Der Bescht sprach: »Du magst frei von Sünde sein, aber wenn dein Leib nicht kräftig ist, wird deine Seele zu schwach sein, Gott in angemessener Weise zu dienen. Pflege deine Gesundheit, und erhalte deine Kraft.«

*Leibhafte Freude.* Der Polonnojer sprach: »Der junge Sohn eines hohen Adligen erhielt während der Schulstunden ein prächtiges Geschenk von seinem Vater, das er sich schon lange gewünscht hatte. Am liebsten hätte er getanzt vor Freude, unterließ es aber, da er Sticheleien von seiten seiner Schulkameraden befürchtete. Deshalb lud er sie zu einem Fest ein, und in gemeinsamer Freude tanzten sie alle zusammen.

Die Seele des Juden erhält von ihrem Vater ein unschätzbar wertvolles Geschenk – den Geist des Sabbat. Sehnlichst möchte sie ihre Wonne zeigen, schämt sich aber, dies zu tun, solange ihr Gefährte, der Leib, sich nicht gleichfalls freut. Deshalb ist uns auferlegt, dem Leib am Sabbat durch das gemeinsame Sabbatmahl Freude zu spenden.«

*Der Doppellohn.* Rabbi Schmelke sprach: »Der Herr hat Freude daran, den Gottesfürchtigen zu belohnen, und es ist ein gutes Werk, dem Herrn Freude zu bereiten. Wer folglich ein gutes Werk vollbringt, wird doppelt belohnt: erstens für das gute Werk und zweitens dafür, Gott die Freude zu gewähren, ihn dafür zu belohnen. Ebendies trifft auch auf den reuigen Missetäter zu, da ja der Herr, der nicht zu strafen wünscht, ihm mit Freuden verzeiht.«

*Süße Freuden für Schwächen.* Der Bescht sprach: »Ehe der Heranwachsende mit dreizehn Jahren Bar-Mizwa\* wird, läßt man ihn an einigen religiösen Handlungen und den damit verbundenen Freuden teilhaben, zwingt ihn dabei aber nicht, gegen seine ureigenen Schwächen anzugehen, so daß sich in ihm ganz allmählich ein Verlangen nach der Ausübung religiöser Handlungen entwickeln kann. So ergeht es ihm wie jemandem, dem man in einer Zuckerbäckerei Kostproben einer neuen Süßigkeit reicht. Wenn sie ihm schmeckt und er mehr davon will, bittet man ihn, dafür zu zahlen. Der gegenüber dem Religionsgebot mündig Gewordene darf die Süße der religiösen Handlungen erst kosten, nachdem er jeweils seine ureigenen Schwächen überwunden hat.«

*Mündig für die süßen Freuden*

*Lustvoll beten.* Der Bescht sprach: »Kein Kind kann geboren werden ohne vorangegangene Lust und Freude. Aus dem gleichen Grund muß einer, der will, daß sein Gebet Frucht trägt, dieses voll Lust und Freude darbringen.«

*Die offenen und die zu öffnenden Tore.* Der Jehudi sprach: »Der Talmud\* sagt uns, daß alle Himmelstore geschlossen sind, ausgenommen die Tore der Tränen. Wie kommt es zu dieser Ausnahme? Weil Tränen ein Zeichen des Kummers sind, und Kummer kann keine verschlossenen Tore öffnen. Die anderen Tore hingegen kann man weit öffnen mittels freudiger Gebete.«

*Der Schutz vor Vergeltung.* Zum Wort der Schrift: »Und es bekümmerte Ihn in Seinem Herzen, und Er sprach: Ich will die Menschen … vertilgen von der Erde« (Genesis 6, 6–7) erklärte der Jehudi: »Im Zeitalter vor der Sintflut kannten die Menschen weder Kummer noch Traurigkeit; folglich konnten ihnen keine Strafen zugemessen werden, da Vergeltung den Freudigen nichts anhaben kann. Aus diesem Grund rief Gott im Herzen jedes einzelnen das Gefühl des Kummers hervor, und alsbald war Er imstande, die Menschheit zu vertilgen.«

*Reuig froh, freudlos sündig.* Der Lechowitzer sprach: »Wahre Reue bringt Freude. Ist die Reue echt, dann freut sich der Mensch in Zerknirschung und Demut. Ist sie unaufrichtig, dann ist der Büßer schwermütig und reizbar. Aufgebracht wird er jeden als Eindringling abweisen, der mit ihm reden will. Traurigkeit ist tadelnswerter als ein schweres Vergehen, weil man es unterläßt, sie zu bereuen.«

*Schlimmer als die Sünde.* Ein Chassid klagte dem Lubliner, daß böse Lüste ihn quälten und er dadurch schwermütig geworden sei. Der Meister sagte zu ihm: »Sieh vor allen Dingen zu, daß du die Schwermut los wirst, denn die ist verheerender als die Sünde. Wenn der Fürst des Bösen den Menschen zur Lust aufstachelt, dann zielt er nicht darauf ab, ihn sündigen zu lassen, sondern ihn mit Hilfe der Sünde in den Pfuhl der Schwermut zu zerren.«

*Ungeschmälert Mensch sein.* Der Bescht sprach: »Der Mensch sollte den Stolz erlernen, ohne doch stolz zu sein; er sollte den Zorn erlernen, ohne doch zornig zu werden. Denn der Mensch sollte sich zu einer vollständigen Individualität gestalten, der alle menschlichen Züge eigen sind. Schildert uns die Thora* nicht einen Gott,

dem Gericht* und Barmherzigkeit* gleicherweise eigen sind?«

*Paradiesisch inspiriert.* Der Korezer sprach:
»Die Freuden allesamt – wo sonst sollten sie
denn ihre Wurzel haben als im Paradies? Dies
gilt auch für den Spaß oder Witz, sofern man
ihn aus reiner Lust an der Freude macht.«

*Unter Tränen heiter.* Der Lubliner sprach: »Der
wahre Chassid muß wie ein Kind sein; das kann
lachen, während es weint. Weinen allein führt
zur Verzweiflung, Lachen allein hingegen zur
Nachlässigkeit in der Gott gebührenden Ehr-
erbietung.«

*Das Kleinod.* Der Lentschnoer sagte einmal:
»Gebrochen und zerrissen und doch zugleich
heil und ganz – ein solches Zaddik-Herz hab'
ich gekannt. Der Sassower hatte so eines.«

*Gebrochenen Herzens freudig.* Rabbi Bunam
sagte Thora*: »›Er heilt die gebrochenen Herzen‹ (Psalmen 147, 3). Was wird uns eigentlich
in diesem Vers mitgeteilt? Ein gebrochenes
Herz zu haben, ist ja gut und geziemend. So
heißt es doch auch im Psalm: ›Das Opfer, das
Gott gefällt, ist ein zerknirschter Geist‹ (51, 19).

Aber unser Schriftvers fährt fort mit den Worten: ›und verbindet ihre schmerzenden Wunden‹. Gott heilt die gebrochenen Herzen, aber nicht zur Gänze – vielmehr so, daß Er sie vom wühlenden Schmerz der Schwermut entbindet. Die Schwermut nämlich ist böse und mißfällt dem Herrn. Das gebrochene Herz rüstet und lenkt uns zum Gottes-Dienst. Die Schwermut aber untergräbt diesen Dienst. Die beiden verhalten sich zueinander wie Freude und Übermut. Leicht kann man sie daher verwechseln; trotzdem sind sie durch Unendlichkeiten voneinander getrennt.«

*Der Deckmantel.* Zum Stepineschter kamen einmal Wallfahrer, die ihm außer ihren auf Zettel geschriebenen Namen auch den Zettel mit dem Namen eines Mannes gaben, der, so versicherten sie dem Zaddik, wegen seiner strengen Lebensführung hohes, weitreichendes Ansehen genieße. Nun liege er daheim krank darnieder, und sie hätten sich erboten, auch für ihn, den man allgemein den »Frommen« nenne, den Segen des Rabbis zu erflehen. Der sprach: »Fromm ist er also – und dafür berühmt. Was das wohl sein mag – eine berühmte Frömmigkeit? Ich denk' mir, es wird ein Mantel sein – das Tuch ist aus Hoffärtigkeit; das Futter ist aus

Wut; und was ihn zusammenhält, sind die Fäden der Schwermut.«

*Die Verkehrung.* Ein junger Mann beklagte sich beim Kozker, daß viele ihn voller Verachtung als »Frömmler« bezeichneten: »Was wollen sie mir damit vorwerfen? Etwa, daß ich fromm bin?« Der Rabbi erwiderte: »Der Frömmler entstellt die Frömmigkeit; das Wesentliche an ihr macht er zum Unwesentlichen – und umgekehrt. Ebendies verachten die Leute.«

*Ein Allerweltsgötze.* Rabbi Bunam wurde gefragt: »Dies sogenannte ›Götzenopfer‹ – was soll das eigentlich sein? Daß jemand wissentlich einem Götzen etwas opfert, ist doch höchst unwahrscheinlich!« Er erwiderte: »Dann will ich euch einen Fall schildern. Ein gottesfürchtiger und untadeliger Mann sitzt mit anderen Leuten an der Tafel und hätte eigentlich noch Lust auf ein paar köstliche Bissen, doch um der hohen Meinung willen, die andere von ihm haben, versagt er sie sich. Da habt ihr ein echtes Götzenopfer.«

*Der beirrte Dienst.* Auf die Frage, was Adams eigentliche Sünde gewesen sei, entgegnete der Worker: »Adams eigentliche Sünde bestand darin, sich um den morgigen Tag zu bekümmern. Die Schlange verleitete ihn mit den Worten: ›Zu einem wirklich nützlichen Dienst bist du nicht imstande, weil du nicht zwischen Gut und Böse unterscheiden kannst und somit nicht zu wählen weißt. Iß von dieser Frucht, und du wirst zu unterscheiden wissen und das Gute wählen und reichen Lohn erhalten.‹ Und Adam, in Sorge, kein wirklich nützlicher Diener zu sein, hörte auf die Worte und vollbrachte so die Freveltat. Das Morgen trug er im Sinn, nicht jedoch den Dienst, der ihm zur gegenwärtigen Stunde oblag: Gottes Gebot zu gehorchen und der Schlange Widerstand zu leisten.«

*Mit sich betrogen.* Den Kozienicer Maggid suchte einmal ein verbissener Asket auf, der regelmäßig von Sabbat zu Sabbat fastete, und mit nichts als einem groben Sack bekleidet war. Der Maggid sagte zu ihm: »Glaubst du, daß dich die bösen Verlockungen meiden? Wie Ungeziefer nisten sie im Sacktuch über deiner bloßen Haut. Da steht es weniger schlimm um den, der zum Schein von Sabbat zu Sabbat fastet und heimlich jeden Tag ein bißchen Nahrung zu sich nimmt; er macht ja nur den Leuten etwas vor. Du aber belügst dich selbst und legst dich mit dir selber rein.«

*Die Satansfalle.* Ein alter Chassid besuchte den Ropschitzer und zählte ihm die läuternden Torturen auf, denen er sich unterzog; sein sackleinenes Gewand führte er ihm vor, das er zur Kasteiung des Leibes angelegt hatte.

»Wie groß ist doch die Macht des Satans!« polterte der Rabbi. »Hat er's doch fertiggebracht, einen Alten wie dich in seiner Schlinge zu fangen.«

*Kleine Roßkur.* Ein Mann beklagte sich bei Rabbi Bunam: »Fortwährend unterziehe ich mich allen erdenklichen Entbehrungen und lebe gewissenhaft in strengster Askese, doch Elia\* der Prophet hat sich mir bis zum heutigen Tag nicht gezeigt.«

Der Rabbi warf ihm einen nachdenklichen Blick zu und begann dann zu erzählen: »Einst schickte sich der Baal-Schem-Tow zu einer großen Fahrt an. Er besorgte sich einen Zweispänner, nahm flugs darin Platz und raunte die Formel. Unverzüglich sauste das Band der Straße auf die sich in Bewegung setzenden Pferde zu; und kaum waren sie richtig im Trab, langten sie auch bereits am ersten Gasthaus an, und ihnen ward ganz wunderlich. Üblicherweise bekamen sie hier Futter; doch ehe sie sich's versahen, flog bereits das zweite Gasthaus an ihnen vorbei.

Allmählich setzte sich in ihnen die Vorstellung fest, sie müßten anscheinend zu Menschen geworden sein – man würde ihnen folglich erst abends, vor der Übernachtung in der Stadt, etwas zu essen geben. Doch nein – das Gefährt machte auch abends nicht halt; und als es durch eine Stadt nach der anderen voranpreschte, gelangten die Pferde zu dem gemeinsamen Schluß, es lasse sich nicht länger von der Hand weisen, daß sie zu Engeln umgestaltet worden seien und keinerlei feste oder flüssige Nahrung mehr brauchten. Mit einem Mal kam der Wagen an seinem Bestimmungsort zum Stehen; man brachte sie in den Stall, setzte ihnen eine üppige Ration Hafer vor, und sie schlangen und mahlten drauflos, wie dies vom Hunger gebeutelte Pferde eben tun. – Dieweil es so und nicht anders um dich bestellt ist«, fügte Rabbi Bunam noch hinzu, »wär' es durchaus ratsam, du gäbest dich zufrieden.«

*Pferdeformat.* Ein junger Mann suchte den Rushiner auf und bat diesen, ihn zum Raw* zu weihen. Da wollte der Rushiner wissen, wie er es denn mit seiner alltäglichen Lebensführung halte, und der Aspirant antwortete: »Ich trage immer nur weiße Kleidung; ich trinke bloß Wasser. Reißnägel streu' ich in meine Schuhe, um mich zu kasteien; nackt wälz' ich mich im Schnee; und auf mein Geheiß verabfolgt mir der Bethausdiener täglich vierzig Streiche auf den blanken Hintern.«

Just in diesem Moment trottete ein weißes Pferd in den Hof, trank Wasser, warf sich nieder und wälzte sich im Schnee. »Betrachte dies wohl«, sagte der Rabbi. »Dieses Geschöpf ist weiß; es trinkt bloß Wasser; es hat Nägel in den Schuhen; es wälzt sich im Schnee und bekommt täglich mehr als vierzig Streiche übergezogen. Und doch ist es nichts weiter als ein Pferd.«

# Sich niedrig halten

*Das Unbezwingliche.* Als der Tod des Bescht bevorstand, fragten die Jünger ihren Meister, wen sie denn zu seinem Nachfolger erwählen sollten. »Erwählt euch den«, sagte der, »der euch sagen kann, wie man die Eigenschaft des Stolzes überwindet.« Nach dem Tode des Bescht war der (Große) Maggid von Meseritsch der erste, an den sie sich mit ihrer Frage wandten: »Wie überwindet man den Stolz?« Er erwiderte: »Der Stolz ist Gott zu eigen, dem Herrn und König, der sich darin kleidet (Psalmen 93, 1). Drum findet sich kein Rat und keine Möglichkeit, die Eigenschaft des Stolzes zu überwinden. Zeit unsres Lebens, Tag für Tag müssen wir gegen sie ankämpfen.« Da ward ihnen klar, daß sie ihren neuen Meister gefunden hatten.

*Die Fallhöhe.* Der Bescht sprach: »Stolz zu werden ist für einen Begabten so selbstverständlich, daß ihm dies schwerlich bewußt wird. Erst wenn er in seinem Umgang mit Menschen ein demütiges Verhalten anstrebt, wird ihm klar, wie stolzgeschwellt er doch gewesen ist. Dies erinnert an einen Mann, der mit der Postkutsche reist und unterm Fahren einschläft. Währenddessen muß der Kutscher die steile Anhöhe zum Plateau eines Berges hinauf; oben geht es lange auf ebener Strecke weiter. Wenn der Mann nun erwacht und man ihm sagt, daß er sich auf einem Berg befindet, dann kann er es kaum glauben. Erst wenn die Route wieder hinunterführt, wird ihm klar, in welcher Höhe er sich vor kurzem noch aufhielt.«

*Die Vorkehrung.* Rabbi David von Zablitow sprach: »Wenn du für den Ruhm ein Unbekannter bist, dann denke von dir, du seist ein Durchschnittsmensch; aber wenn man dich einen Zaddik nennt, dann denke von dir, du seist verrucht. Dadurch wirst du dich daran hindern, in Stolz zu verfallen.«

*Auf nichts sich gründend.* Der Berschader sprach: »Vor dem Stolz muß man sich hüten, denn der Stolz braucht kein Fundament zu seiner Errichtung. Da mag einer im Bett liegen in seinem kalten Haus, mit einer zerrissenen

Decke umwickelt – und doch mag er in seinem Innersten denken: ›Groß bin ich! Ich bin groß!‹«

*Die an Gottes Gewand wirken.* Rabbi Jehuda von Stretyn sprach: »Der Herr bekleidet sich mit dem Stolz (Psalmen 93, 1), den die Guten von sich geworfen haben.«

*Schäden am Kleid.* Der Berschader sprach: »Der Zorn ist, neben dem Stolz, die Hauptwaffe des Satans. Der Zorn bewirkt die Unreinheit der Seele und hinterläßt nicht *einen* reinen Faden an ihr. Was den Stolz angeht, so ist der Herr damit gekleidet. Wer Stolz besitzt, verursacht einen Fehler im Gewand des Herrn.«

*Das verworfene Gute.* Als die beiden Brüder Schmelke und Pinchas – der künftige Raw* von Nikolsburg und der von Frankfurt am Main – beim Großen Maggid noch Anwärter auf die Lehre waren, schrieb ihnen dieser die innere Ordnung ihres gesamten Tagesablaufs vor, vom Aufstehen bis zum Schlafengehen, und ging dabei, durch ermahnende Winke und fördernde Ermunterung, jeweils auf ihrer beider Eigenart ein, als seien sie ihm seit jeher vertraut. Abschließend sagte er: »Bevor sie sich am Abend zur Ruhe begeben, sind Schüler wie auch Meister gehalten, sich Rechenschaft abzulegen über ihr Tun am Tag. Und wenn einem von ihnen das Herz schwillt bei dem Gedanken, wie vorzüglich er doch jeden Augenblick genutzt habe, dann ergreifen die Dienstengel droben all seine guten Werke, rollen sie zum Ball und schleudern den hinab in den Abgrund.«

*Das Symptom.* Der Lisensker sprach: »Gott allein ist vollkommen. Das menschliche Handeln muß grundsätzlich zumindest teilweise mangelhaft sein. Wenn einer sein gutes Werk oder frommes Studium für absolut rein und vollkommen hält, dann ist dies ein untrügliches Zeichen von deren absoluter Schlechtigkeit.«

*Nichtig sein.* Aaron der Große wurde gefragt, was ihn denn sein Meister, der Große Maggid, gelehrt habe. »Nichts und wieder nichts«, antwortete er. Und auf die Bitte, doch näher auszuführen, was er damit meine, erklärte er: »Das Nichts hab' ich bei ihm erfahren. Den Doppelsinn des Nichts hab' ich von ihm gelernt – das Wissen um die eigene Nichtigkeit, und daß ich, der ich nichts bin, dennoch bin.«

*Jenseits der Pflicht.* Der Zloczower wurde gefragt: »Die Thora\* enthält doch sämtliche Gebote. Die Demut aber, die soviel wert ist wie alle Tugenden zusammen, ist uns darin nicht auferlegt; es wird lediglich rühmend erwähnt, daß keiner so demütig gewesen sei wie Moses. Aus welchem Grunde ward sie kein Thema der Lehre?«

Er erwiderte: »Wer sich der Demut befleißigen möchte, um auf diese Weise ein Gebot zu befolgen, der muß die eigentliche Demut verfehlen. Die Demut als ein Gebot aufzufassen, das flüstert der Satan ein. Die böse Macht betört das Selbstgefühl eines Menschen: Seine Gelehrsamkeit, Untadligkeit und Frömmigkeit führt sie ihm vor Augen, und die Zeugnisse seiner überragenden Wohltätigkeit, und daß er Anspruch habe auf höheren Rang und Herrentum – freilich würde er sich dadurch der Hoffärtigkeit schuldig machen und nicht gottgefällig handeln; und darum sei, sich der Demut zu befleißigen und leutselig unters einfache Volk zu mischen, für ihn oberstes Gebot. Und diesem Popanz von Gebot genügt dann der Mensch – was wiederum nur der Steigerung seiner Hoffart dient.«

*Jenseits der Absicht.* Der Kozker sprach: »Jegliches fromme Verhalten sollte in der ihm angemessenen Ausrichtung erfolgen – mit *einer* Ausnahme: der Demut.«

*Der Standort (1).* Der Karliner sprach: »Wie wird man wohl ein bißchen Licht gewahr? Wenn man auf der untersten Stufe verharrt! So sagt's ja auch die Schrift: ›Bette ich mich in der Unterwelt, bist Du zugegen‹ (Psalmen 139, 8).«

*Der Standort (2).* Den Psalmvers: »Steige ich hinauf in den Himmel, so bist du dort; bette ich mich in der Unterwelt, bist du zugegen« (Psalmen 139, 8) deutete der Strelisker wie folgt: »Bilde ich mir in meiner Selbstüberhebung ein, bis zum Himmel emporzureichen, so werde ich alsbald gewahr, daß Gott sich mir ins unerreichbar hohe Dort entzieht. Bette ich mich aber zuunterst, und beuge Seele wie Sinn auf die unterste Stufe, so ist Er um mich, zugegen.«

*Der Bezugspunkt (1).* Rabbi Sussja, der »Narr Gottes«, sagte einmal zur Erde: »Ach Erde, schlechter bin ich als du und trample trotzdem auf dir herum. Doch bald kommst du über mich zu liegen, und ich werde dein Untertan sein.«

*Der Bezugspunkt (2).* Der Lubliner sagte zu Rabbi Mordechai von Tschernobyl: »Wenn ich mir meine dauernden Missetaten vor Augen führe, dann packt mich die Verzweiflung. Mein einziger Trost ist die Gewißheit, daß ich bald zur Erde zurückkehre, und die Erde ist nicht ungehorsam gegen Gott.«

*Ganz klein.* Der Korezer sprach: »Es ist angemessen, am Neujahrsfest* zu weinen, um darzutun, daß wir trotz unserer scheinbaren Weisheit und Gelehrsamkeit unbeholfen wie Kinder sind, die um das weinen, was sie sich wünschen.«

*Das Hindernis.* Den Schriftvers: »Ich stand zwischen dem Herrn und euch« (Deuteronomium 5, 5) erläuterte der Zloczower so: »Was da wie eine Wand zwischen Gott und uns steht, ist das Ich. Wer, im Wähnen der Eigenständigkeit seines Selbst, das Wort Ich, das allein der Herr sagen darf, im Munde führt, der trennt sich ab von seinem Schöpfer. Wer sich hingegen seines Ich entäußert und für nichts erachtet, der reißt die Trennwand ein, und die Herrlichkeit Gottes ruht auf ihm.«

*Selbstherrlich leiden.* Über die Traurigkeit sagte der Alexanderer: »Keine Sünde verhärtet das Herz so sehr, wie sie das tut. Sie ist die schlechteste Eigenschaft des Menschen. Sie kennzeichnet den unverbesserlichen Egoisten. Dieser denkt ständig, daß ihm dies oder das eigentlich zustünde, daß ihm dies oder das zu ungerechterweise abgeht. Ob er sich auf Stoffliches oder Geistiges bezieht – gemeint ist immer nur sein Ich.«

*Kein Ich-Blendwerk.* Den Schriftvers: »Du sollst dir keine Götter aus Metall gießen« (Exodus 34, 17) kommentierte der Kozker mit der Umschreibung: »Wenn du deine Gedanken auf Gott ausrichtest, dann soll nur Er selbst dir vorschweben, nicht aber ein nach deinem Bilde gegossener Metallgötze.«

*Wertmindernde Ehre.* Der Korezer sprach: »Wenn einer dich ehrt, dann hält er sich in dem Augenblick für weniger wichtig als dich und wird eben dadurch ein Besserer als du. Je mehr er dich ehrt, desto größer wird er eigentlich auf deine Kosten. Wie kannst du da Stolz empfinden, wenn man dich mit Ehren überhäuft?«

*Wen der Ruhm sich aussucht (1).* Als der Große Maggid erkennen mußte, daß er ein Mann von weitreichendem, hohem Ansehen geworden war, wollte er von Gott wissen: »Durch welche Sünde hab' ich sie mir denn zugezogen, diese Strafe des Ruhms?«

*Wen der Ruhm sich aussucht (2).* Der Korezer sprach: »Der Ruhm ist ständig auf der Suche nach einem Mann, bei dem er wohnen kann, aber den Stolzgeschwellten, Selbstsüchtigen meidet er. Auf diesem kann er sich nicht niederlassen, da ihm ein Rivale unerträglich ist. Er ist vielmehr auf der Suche nach dem Selbstlosen und Bescheidenen, denn dort hat er die Oberhand.«

*Frommes Manöver.* Der Ropschitzer verwendete äußerste Sorgfalt darauf, seine große Frömmigkeit zu verbergen. Als er einmal – die Arme ausgebreitet und flach auf dem Boden liegend – die Mitternachtsgebete sprach und bitterlich das Exil der Schechina* beweinte, kam unversehens ein Hausbewohner herbei. Der Zaddik wandte sich ihm zu und sagte: »Wenn die Leute hier in der Stadt erst über die Größe ihres Rabbis Bescheid wüßten, dann würden sie ihn noch viel höher schätzen.« Der

Mann erzählte dann den Leuten, daß der Rabbi ein eitler Prahler sei, was genau dessen Absicht entsprach.

*Entschärfte Ehre.* Als Rabbi Schmelke nach Nikolsburg kam, um dort sein Rabbineramt anzutreten, sperrte er sich in ein Zimmer ein und begann, darin auf und ab zu gehen. Einer aus dem Empfangskomitee hörte zufällig mit an, wie der Rabbi in ständiger Wiederholung die vielen Begrüßungsformeln aussprach, die er zu gewärtigen hatte. Nach Abschluß des Empfangs gestand der Mann, daß er Rabbi Schmelke belauscht hatte, und fragte diesen, ob er sein sonderbares Verhalten nicht erklären wolle.

Rabbi Schmelke sprach: »Ehrbezeugungen, die ja nur zu Eigendünkel führen, sind mir zutiefst zuwider; deshalb hab' ich mir selber die ganzen Willkommensworte vorgesagt. Für Eigenlob hat niemand viel übrig; und nachdem ich mich einmal durch häufiges Wiederholen an diese Worte höchster Wertschätzung gewöhnt hatte, empfand ich keinerlei Dünkel mehr, als der Begrüßungsausschuß genau dieselben Redewendungen zu hören gab. Demgemäß deutete ich auch die Sentenz in den Pirke Awot*: ›Die Ehre eines andern, sie sei dir so teuer wie die eigne Ehre.‹ Ebenso wie sich einer nichts aus der Ehre macht, die er sich selbst erweist, sollte er sich nichts aus der Ehre machen, die ihm ein anderer erweist.«

*Schulung durch Ehre.* Rabbi Nechemja, der dritte Sohn des Jehudi, sprach: »Im Talmud* lesen wir, daß der, der vor dem Ruhm davonläuft, von Ehren verfolgt wird. Schiene es da nicht angemessener, daß Gott ›die Wünsche derer, die Ihn fürchten, erfüllt‹ (Psalmen 145, 19) und den Gottesfürchtigen nicht von unerwünschten Ehren verfolgen läßt? Der Rushiner aber erklärte, daß, wer es immer noch nötig hat, vor Ehren davonzulaufen, offenkundig befürchtet, die Ehren könnten ihn eingebildet und hochmütig machen, und deswegen genaugenommen kein Gottesfürchtiger ist. Die Ehren verfolgen ihn, um seinen Charakter zu schulen: so daß keine Ehren, wie groß sie auch seien, seine Demut zu erschüttern vermögen. Dann hat er es auch nicht mehr nötig, vor ihnen zu fliehen.«

*Die Stätte des göttlichen Lichts.* Den Schriftvers: »Er weiß, was im Dunkeln ist, und bei Ihm wohnt das Licht« (Daniel 2, 22) erläuterte der Bescht mit der Umschreibung: »Wer sich, selbst unter den Ungebildeten und Unwissenden, die im Dunkeln leben, seiner Bedeutungslosigkeit bewußt ist, in dem wird das Licht Gottes wohnen.«

*Einsichtig statt besser.* Ein Chassid beklagte sich beim Bescht: »Nun plag' ich mich schon so lang und schwer im Dienst des Herrn und hab' doch keinerlei Besserung erfahren. Ich bin noch immer ein gewöhnlicher und unwissender Mensch.« Der Bescht antwortete: »Du bist zu der Erkenntnis gelangt, daß du gewöhnlich und unwissend bist, und das ist als solches eine sehr beachtliche Errungenschaft.«

*Wissende Bedürftigkeit.* Der Kobryner zitierte einmal gegenüber einem befreundeten Zaddik den Ausspruch des Bescht: »Wenn ich in der Fülle des Wissens bin, wird mir bewußt, daß ich keiner Letter der Thora* mächtig und noch meilenweit davon entfernt bin, dem Herrn zu dienen, wie es Ihm gebührt.« »Aber«, warf der Zaddik ein, »im Midrasch* steht doch: ›Wissen erlangtest du, was mangelt dir?‹« »Genauso verhält es sich«, erwiderte der Kobryner. »Hat einer Wissen erlangt, dann wird ihm erst bewußt, was ihm mangelt.«

*Die Versuchung der Meister (1)*. Gegen ein Studium der heiligen Bücher, das nicht in gottesfürchtiger Andacht vollzogen wird und nicht allein der Annäherung an den Schöpfer dient, wandte sich der Bescht einmal mit folgenden Worten: »Der Geist des Bösen wird es tunlichst vermeiden, den Menschen dazu zu bewegen, das Studium der religiösen Schriften überhaupt bleibenzulassen, denn es ist ja sattsam bekannt, daß man bei den Leuten nichts gilt, wenn man nicht im Ruf des Gelehrtseins steht. Aber er bewegt ihn dazu, sich nicht mit solchen Büchern zu verlustieren, die, wie beispielsweise ein Traktat zur Erbauung oder der in allen Gesetzen beschlagene Schulchan-Aruch*, zur Gottesfurcht hinleiten, sondern sich ausschließlich mit der Gemara* und sämtlichen sie betreffenden Kommentaren zu befassen.«

*Die Versuchung der Meister (2)*. An einem Freitagabend, vor der Weihe des Sabbats, herrschte im Hause des Lubliners ein reges Treiben: Viele seiner Schüler, allesamt bereits bedeutende Zaddikim, waren zugegen, angetan mit weißseidenen Obergewändern, wie sie seinerzeit die führenden Repräsentanten des Zaddiktums gerne trugen. Da trat unvermutet ihr Lehrer, der sich noch vor kurzem auf sein Zimmer begeben hatte, unter sie und sprach: »Die Schrift sagt: ›Denen aber, die Ihm feind sind, vergilt Er sofort und tilgt einen jeden aus‹ (Deuteronomium 7, 10); und dies bedeutet: Er vergilt denen, die Ihm feind sind, mit Gutem und Wertvollem auf dieser Welt und tilgt einen jeden aus der künftigen Welt. Und nun meine Frage: Angenommen, der Gottesfeind giere nach schnödem Besitz – nun, so schenkt man ihm schnöden Besitz im Überfluß; und angenommen, der Gottesfeind giere nach Ruhmestiteln – nun, so schenkt man ihm Ruhmestitel im Überfluß. Doch wie verhält es sich wohl, wenn der Gottesfeind nicht dem Ruhm oder Reichtum nachjagt, sondern hinter geistiger Steigerung her ist; oder wenn er hinter dem Seelsorgersein her ist? Nun – wer hinter geistiger Steigerung her ist, dem schenkt man geistige Steigerung, und wer hinter dem Seelsorgersein her ist, dem schenkt man das Seelsorgersein und tilgt ihn aus der künftigen Welt.«

*Die Versuchung der Meister (3).* Der Kobryner bemerkte einmal: »Wenn es nach mir ginge – sämtliches Schrifttum der Zaddikim würd' ich unzugänglich verwahren. Wer nämlich in der Chassiduth* zu gut Bescheid weiß, der läuft Gefahr, daß seine Weisheit seine Werke überflügelt.«

*Das getilgte Wissen.* Dem Berditschewer fiel einmal ein sehr von sich eingenommener litauischer Gelehrter lästig, der ihn beim Predigen gern mit neunmalklugen Einwürfen und Glossen störte. Zu wiederholten Malen ersuchte ihn der Rabbi dringlichst, er solle doch seine Problemfragen zurückstellen und sie mit ihm in seinem Hause besprechen. Der Mann aber kam der Einladung nicht nach, sondern tauchte vielmehr weiterhin im Bethaus auf, um seine Störungen fortzusetzen.

Rabbi Baruch, der Miedžybožer, hörte von der Geschichte. »Mit mir würd' er sich schwertun«, sagte er, »kein Wort brächte er heraus.« Dieser Ausspruch kam wiederum dem Gelehrten zu Ohren. »Worin liegt denn die Stärke dieses Zaddiks?« erkundigte er sich. »Im Verständnis des Sohar*«, teilte man ihm mit. Da wählte er einen seiner Meinung nach besonders dunklen Abschnitt im Sohar aus und begab sich umgehend nach Miedžybož, um die Kenntnisse Rabbi Baruchs auf die Probe zu stellen. Wie verwundert aber war er, als er beim Eintritt in dessen Wohnung ein Exemplar des Sohar bereits auf dem Pult vorfand, und zwar genau an der Stelle aufgeschlagen, die den betreffenden Abschnitt enthielt! Unverzüglich besann er sich, mit welchem anderen schwierigen Passus er den Zaddik in die Enge treiben könnte.

Der aber kam ihm zuvor. »Kennt Ihr Euch im Talmud* aus?« fragte er. »Natürlich kenn' ich mich darin aus!« entgegnete offensichtlich belustigt der Gelehrte. »Im Talmud lesen wir«, sprach der Rabbi, »wenn das Kindlein im Mutterschoß weilt, so leuchte ein Licht über seinem Scheitel, und es werde der ganzen Thora* kundig; sobald aber die Zeit für es gekommen ist, herauszugehn und die Luft des weltlichen Daseins zu kosten, nahe ihm ein Engel, der berühre ihm die Lippen, und schon habe es alles vergessen. Wie ist dies zu deuten? Was soll dem Kind dieses ganze Erlernen, wenn es ihm dann durch das Vergessen genommen wird?« Der Gefragte blieb stumm.

Da sprach Rabbi Baruch: »Nun, ich will darauf antworten. Zu welchem Zweck der Herr überhaupt das Vergessen schuf, mag, oberflächlich betrachtet, nicht leicht einsichtig sein. Der Zweck aber ist dieser: Gäbe es das Vergessen nicht, so müßten die Gedanken des Menschen sich unablässig mit seinem Tode beschäftigen, und er würde nichts aufbauen, nichts hinstellen und nichts bewirken. Deshalb hat der Schöpfer in den Menschen das Vergessen eingesenkt. *Zwei* Engel sind folglich dem Kinde beigegeben: der eine, daß es die beigebrachte Lehre möglichst nicht vergißt; und der andere, ihm die Lippen zu versiegeln und es das Vergessen zu lehren. Versäumt aber dieser Engel gelegentlich, so zu verfahren, dann steht es mir frei, statt seiner zu handeln. Wohlan, legt mir jetzt Euren Abschnitt dar!«

Der so Aufgeforderte bewegte zwar Zunge und Mund, ließ aber außer einem hilflosen Gestammel kein Wort verlauten. Er entfernte sich und hatte beim Hinausgehen bereits alles vergessen und sich in einen Unwissenden verwandelt. Bald darauf wurde er Küster im Bethaus zu Berditschew.

*Vom Himmel degradiert.* Rabbi Schmelke wurde gefragt: »Weshalb macht man von der Opferung Isaaks so viel Aufhebens? Der Stammvater Abraham war doch in der Heiligkeit bereits so weit emporgerückt: War es da nicht eine Selbstverständlichkeit für ihn, dem Geheiß des Herrn unverzüglich Folge zu leisten?« Er erwiderte: »Soll einer auf die Probe gestellt werden, dann wird er zuerst jeglicher geistigen Höhe, jeglicher Heiligkeit beraubt. Nackt und bar, wie sie geschaffen ward, geht seine Seele vors Antlitz ihres Prüfers.«

*Inbegriff der Demut.* Ins Haus des Berschaders kam öfters der Wasserträger Herschel, um dem Rabbi frisches Wasser zu bringen. Einmal sagte letzterer zu seiner Frau: »Ich erzittere vor der Würde dieses Herschel. Wenn er mit seinen Eimern hereintritt, kommt er sich wie der bloße Staub der Erde vor. Ob es mir wohl jemals gelingt, innerlich derart bescheiden zu werden?«

*Der Ganze und der Halbe.* Der Lubliner sprach: »Ein wahrer Chassid ist etwas sehr Seltenes. Daß man zwei Chassidim an *einem* Ort findet, ist unwahrscheinlich. *Ein* Chassid an einem Ort reicht nicht aus. Jeder Ort sollte *einen* und einen halben Chassid haben, und jeder von beiden sollte sich für den halben halten und den anderen für den ganzen.«

*Der schlichte Liederhort.* Rabbi Eisik von Kalew lernte vom Großen Maggid eine Melodie für die Haggada*-Hymne »Der Mächtige in Seinem Reich«, und sie gefiel ihm sehr. Der Maggid sagte, er habe sie von einem Hirten gelernt. Seit der Zeit machte Rabbi Eisik es sich zur Gewohnheit, die Weidefluren zu durchstreifen, um den Melodien zu lauschen, die die Schafhirten sangen. Seine Melodie für den

Psalm 137, »An den Wassern zu Babel«, hatte er aus dem Munde eines Schafhirten vernommen, und sie ist heute wohlbekannt. »Ja«, sagte Rabbi Eisik gelegentlich, »so manche Weise, die einst die Leviten im Heiligen Tempel anstimmten, lebt heute im Exil unter dem einfachen, unwissenden Volk.«

*Sich niedrig spiegeln (1).* Den Schriftvers: »Wie der Schemen im Wasser ist gegen das Angesicht, also ist eines Menschen Herz gegenüber dem andern« (Sprichwörter 27, 19) erläuterte der Bescht wie folgt: »Wenn ein Mensch aufrecht neben dem Wasser steht, wird sein Umriß in vergrößerter Form widergespiegelt. Aber wenn er sich hinunterbeugt, ist sein Spiegelbild verkleinert. Auf ähnliche Weise wird, wenn ein Mensch den anderen voll Stolz anblickt, der andere ebenso zu einem Gefühl stolzer Zurückhaltung veranlaßt. Ist ein Mensch jedoch in seinem Umgang mit einem anderen bescheiden, dann fühlt dieser gleichfalls Freundschaftlichkeit und Wohlwollen für ihn.«

*Sich niedrig spiegeln (2).* Zum Spruch Salomos: »Wie der Schemen im Wasser ist gegen das Angesicht, also ist eines Menschen Herz gegenüber dem andern« (27, 19) bemerkte Rabbi Bunam: »Wieso steht da ›im Wasser‹ statt ›im Spiegel‹? Das eigene Bildnis erblickt der Mensch im Wasser nur, wenn er sich nah dazu herunterbeugt. Desgleichen soll das eine Herz sich nah über das andre neigen, um so darin sich selber zu gewahren.«

# Das Wagnis des Lebenswegs

*Die Gewissensfrage.* Den Schriftvers: »Meine Gedanken sind nicht eure Gedanken, und eure Wege sind nicht meine Wege, spricht der Herr« (Jesaja 55, 8) übersetzte der Rushiner in folgende Frage: »Aber sind da nicht meine Gedanken, um euch zu geben, was in euren Gedanken ist? Warum sind dann eure Wege nicht wie meine Wege?«

*Der Balanceakt (1).* In der Stadt Krasny führte einst ein Akrobat seine Künste vor und überquerte den Fluß auf einem Seil, das zwischen beiden Ufern ausgespannt war. Rabbi Chajim von Krasny sah mit seinen Anhängern der Vorführung zu und verfolgte gedankenverloren und wie gebannt das Geschehen auf dem Seil. Da fragten ihn die Schüler, was ihn denn am Anblick dieser albernen Tänzelei so sehr fessele. Er antwortete: »Offenkundig wagt dieser Akrobat hier sein Leben. Etwa des Geldes wegen, mit dem die staunende Menge ihn wohl überhäuft? Das kann nicht sein, denn dächte er daran, dann stürzte er gewiß ins Wasser. Sein ganzen Sinnen und Trachten muß sich auf eines ausrichten: das Gleichgewicht zu halten und auch nicht um Haaresbreite nach links oder rechts zu kippen. Seine Sicherheit hängt ganz von seinem festen Willen ab, aufrecht zu bleiben – ohne jeden Gedanken an Lohn. Auf diese Art sollten die Menschen das schmale Seil des Lebens überqueren.«

*Der Balanceakt (2).* Der Rushiner wurde einmal, als er unvermutet und offenbar leutselig bei seinen in vertrauter Runde zusammensitzenden Schülern hereinschaute, von diesen gefragt: »Meister, möchtet Ihr uns wohl sagen, was der wahre Weg gottesfürchtigen Dienens ist?« »Das soll ich wissen?« entgegnete leicht erstaunt der Zaddik, um ihnen dann doch ohne Umschweife die folgende Geschichte zu erzählen: »Zwei Freunde hatten sich eines schweren Verbrechens schuldig gemacht und wurden im Namen des Königs zum Tode verurteilt. Der König aber, der ihnen in Liebe zugetan war, wollte wenigstens das Strafmaß mildern, wenn er schon am Urteil nichts ändern konnte, denn das Recht zu beugen ist auch einem König verwehrt. So wurde durch ihn als Strafe verfügt: Die beiden sollten nacheinander ein über einen reißenden Strom gespanntes Seil überqueren; wer am anderen Ufer ankomme, der habe das Leben wiedergewonnen. Nun – der eine gelangte unversehrt hinüber. Der zweite rief ihm, ehe er sich anschickte, ihm zu folgen, zu: ›Du! Kannst du mir verraten, was ich tun muß, um nicht vom Seil zu fallen?‹ ›Ich kann dir‹, schrie der, der sein Leben wiederhatte, ›nichts weiter sagen als dies: Sobald ich spürte, daß es mich zu stark auf die eine Seite zog, neigte ich mich hinüber auf die andere!‹«

*Die Etappen.* Rabbi Bunam sprach: »Wenn sich für dich zufällig eine Gelegenheit zur Besserung ergibt, dann zögere nicht, sie zu ergreifen. So ist es im Himmel verfügt. An ihr halte fest, bis sich für dich eine weitere Gelegenheit ergibt.«

*Mit auf den Weg.* Der Kozker sprach: »Trag Sorge für deine eigene Seele und für den Leib eines anderen, nicht aber für deinen eigenen Leib und für die Seele eines anderen.«

*Zweierlei Aufstieg.* Der Gerer sprach: »Zwei Männer erkletterten ein Dach, der eine mit Hilfe einer Leiter, der andere über ein Brett. Der

Unterschied lag darin, daß der, der über die Leiter hinaufstieg, imstande war, die bereits erklommenen und die noch zu ersteigenden Sprossen abzuzählen, wohingegen der mit dem Brett die noch zu ersteigende Spanne erst klar abschätzen konnte, als er oben auf dem Dach war. Nun – der Herr gebietet uns: ›Du sollst nicht auf Stufen zu meinem Altar hinaufsteigen‹ (Exodus 20, 26). Das heißt: Schätze nicht ab, du habest bereits den Großteil deiner Pflichten gegen den Herrn erfüllt und somit das Vorrecht erlangt, ein wenig nachzulassen. Erst ganz am Ende deiner Mühe kannst du beurteilen, ob du den Gipfel erreicht hast.«

*Sattelfest werden.* Ein Dörfler jammerte dem Kobryner vor, er werde ständig von seinen bösen Begierden übermannt und dazu gebracht, in Lasterhaftigkeit zu verfallen. »Reitest du ein Pferd?« fragte der Rabbi. »Ja«, antwortete der Mann. »Was machst du, wenn du mal herunterfällst?« »Ich steig' wieder auf«, sagte der Mann. »Gut – dann stell dir vor, der böse Trieb ist das Pferd«, sagte der Rabbi. »Wenn du fällst, dann steig wieder auf. Und schließlich hast du ihn dann gezähmt.«

*Befristetes Licht.* Rabbi Sussja und sein Bruder, der Lisensker, kamen spät abends zu einem Dorfgasthaus, um darin zu übernachten. Der Wirt flickte Rabbi Sussjas Mantel bei Kerzenschein. »Beeil dich mit dem Mantel!« rief die Frau des Wirts. »Flick ihn rasch – eh die Kerze ganz heruntergebrannt ist.« »Wie genau das doch auf das Ausbessern unseres Lebens zutrifft!« bemerkte Rabbi Sussja dazu. »Nach der Schrift ist ›des Menschen Odem die Leuchte des Herrn‹ (Sprichwörter 20, 27). Wenn sie heruntergebrannt ist, ist jede Gelegenheit zur Besserung des Selbst vorbei.«

*Am Ende die Oberhand.* Der Kobryner sprach: »Schreiten wir ein soeben gepflügtes Feld ab, so folgen die Schollen einander als Furchen und Wellen. Der Kampf der Gottesdiener gegen den bösen Trieb beschreibt die gleiche Bewegung: Mal um Mal geht es hinauf und wieder hinunter; die Höhen schließen sich an die Tiefen. Wir müssen nur Sorge tragen, daß wir am Ende des Kampfes oben sind.«

*Die eine Lektion (1).* In seiner Todesstunde sprach der Bescht: »Ja – nun erkenn’ ich klar, wozu ich erschaffen ward.«

*Die eine Lektion (2).* Der auf den Tod darnie-
derliegende Rabbi Bunam sagte zu seiner weh-
klagenden Frau: »Wozu die Tränen? Verliehen
ward mir dieses ganze Leben nur, damit ich das
Sterben lerne.«

*Das Selbstsein auf der Waage.* Vor seinem Tode
sprach Rabbi Sussja: »Man wird mich in der
künftigen Welt nicht fragen, warum ich nicht
Moses gewesen bin. Warum ich nicht Sussja
gewesen bin – das wird man mich fragen.«

*Ohne Unterpfand.* Rabbi Bunam sprach: »Der
Talmud* vergleicht dies Erdendasein mit einer
Hochzeit. Denkt euch einen, der alles Nötige
zur Hochzeit vorbereitet hat und doch vergaß,
den Ehering zu kaufen; wie soll da die Heirat
wirklich vollzogen werden? Auf dieselbe Weise
mag einer sein ganzes Leben lang sich abrackern
und doch vergessen, sich selber durch gottesfürchtige Hingabe zu heiligen – wenn er dann
an die Pforten des Paradieses kommt, ist ihm
der Zutritt verbaut und all sein lebenslanges
Streben vertan.«

*Wie Schuppen von den Augen.* Der Gerer
sprach: »Warum fürchtet sich der Mensch vor
dem Sterben? Der Grund dafür ist dieser: in der

künftigen Welt werden dem Menschen all seine irdischen Taten im Rückblick klar vor Augen geführt. Wenn er die sinnlosen Fehler erkennt, die er begangen hat, wird er sich selbst unerträglich. Daraus besteht sein Fegefeuer.«

*Abgenabelt unterwegs.* Der Ljadyer sprach: »Wer ist wohl besser dran als ein Kind im Mutterschoß? Es liegt ihm nichts an Essen oder Trinken; auf seinem Scheitel strahlt ein Licht, das seinem Blick die Welt von einem Pol zum anderen erhellt; die Thora\* wird ihm zur Gänze kundgemacht. Bei seiner Geburt aber naht ihm ein Engel und berührt seine Lippen, und es vergißt, was es gelernt hat. Und trotzdem – gesetzt, einer könnte zurückkehren in den Mutterschoß: Er würde nicht wollen. Warum nicht? Weil er diesem entwachsen ist.«

*Auf keinem Weg (1).* Der Apter wurde von einem Chassid gefragt: »Die Schrift sagt uns: ›Denn der Herr kennt den Weg der Gerechten, aber der Gottlosen Weg vergeht‹ (Psalmen 1, 6). Die beiden Aussagen scheinen nicht ganz zusammenzupassen – wie ist die Entgegensetzung eigentlich zu verstehen?« Der Rabbi sprach: »Zahlreich und mannigfaltig sind die Wege der

Gerechten, wie auch der Gottlosen Wege zahlreich und mannigfaltig sind. Die zahlreichen Wege der Gerechten aber – die erkennt der Herr in ihrer wahren Beschaffenheit als den *einen* Weg. Die Wege der Gottlosen hingegen sind ihrer wahren Beschaffenheit nach zahlreich und mannigfaltig, denn sie sind ja eigentlich nur die mannigfaltige Ausgestaltung, in der der eine Weg verlorengeht. Nichts anderes wird auch den Gottlosen am Ende offenbar: Dann nämlich geht jedem einzelnen von ihnen der eigne Weg und jeglicher Weg verloren. Es ist um sie bestellt wie um jemanden, der im tiefen Wald einen Weg eingeschlagen hat und auf diesem weiterwandert, fort und fort, ohne zu wissen, weshalb er ausgerechnet diesen gewählt hat; tagaus, tagein wandert er dahin und stößt schließlich auf einen gewaltigen Baum, den Endpunkt des Weges: Vorn ist er aus, und hinten ist er vergangen; da steht dann der Mensch ohne den Weg, ohne jeglichen Pfad oder Steg.«

*Auf keinem Weg (2).* Den Schriftvers: »Der Gottlose verlasse seinen Weg« (Jesaja 55, 7) erläuterte der Kozker so: »›Weg‹ kann hier den Weg nicht meinen, denn wo der Gottlose wandelt, ist nur Morast und Wirrnis. Und schon erschließt sich der Sinn: Seinen ›Weg‹ soll der Gottlose verlassen – sein Wägen und Sichwiegen, er verfüge über einen Weg.«

# Verstrickung und Umkehr

*Das Grundübel (1).* »Was ist wohl das gräßlichste Werk des bösen Triebs?« fragte der Karliner – und antwortete selbst: »Wenn der Mensch sich nicht mehr darauf besinnt, daß er der Sohn eines Königs ist.«

*Das Grundübel (2).* Der Bescht sagte: »Was hat es mit diesem Sprichwort aus dem Volke auf sich: ›Die Wahrheit kommt durch die ganze Welt‹? Es will uns bedeuten, daß sie nirgendwo eingelassen wird und so, von einer Stätte zur nächsten vertrieben, immerfort weiterzieht.«

*Das Grundübel (3).* Rabbi Bunam sprach: »Wahrhaft schuldig macht sich der Mensch nicht dadurch, daß er sündigt – gibt es doch keinen, der im Ringen mit dem bösen Trieb nicht hin und wieder unterläge! Wahrhaft schuldig macht sich der Mensch dadurch, daß er nicht umkehrt, obwohl ihm der Weg dazu fortwährend offensteht.«

*Das Grundübel (4).* Der Enkel des Miedžy-bożers, der kleine Jechiel Michel (und spätere Zloczower Maggid), spielte einmal mit einem Altersgenossen Verstecken. Er hatte einen schönen Schlupfwinkel entdeckt, sich darin verborgen und fieberte nun darauf, daß sein Kamerad ihn suchen käme. Geraume Zeit wartete er und verließ schließlich sein Versteck; vom anderen war weit und breit nichts zu erblicken. Da wurde Jechiel klar, daß dieser überhaupt nicht nach ihm gesucht hatte, und er brach deswegen in Tränen aus. Weinend lief er ins Haus zu seinem Großvater und beschwerte sich über den garstigen Kameraden. Da schossen auch dem Rabbi die Tränen in die Augen, und er sprach: »Nicht anders klagt ja der Herr: ›Verborgen hab' ich mich vor euch, doch ihr wollt mich nicht suchen.‹«

*Alarmierende Besserung.* Der Korezer sprach: »Der Talmud* sagt uns, daß wir uns bei der Ankunft des Sabbat gedrängt fühlen herauszuschreien: ›Weh uns! Unsre Seele ist verloren.‹ Dies darf man folgendermaßen verstehen: Wenn wir völlig krank sind, fühlen wir keinen

Schmerz, da ja kein gesundes Glied vorhanden ist, ihn zu spüren. Aber wenn wir nur zum Teil befallen sind, dann fühlen die gesunden Partien die Pein. So steht es um uns: Unter der Woche ist unser Geist gänzlich krank; der Sabbat heilt uns zum Teil, und daher fühlen wir das Verlorensein unserer Seele.«

*Der Verunstalter.* Der Bescht erzählte folgendes Gleichnis: »Ein Mann bat einen Hausbesitzer um Erlaubnis, in seinem Hause wohnen zu dürfen. Als dies abgelehnt wurde, bat er um Erlaubnis, einen Nagel in die Wand schlagen zu dürfen. Diesem Wunsch wurde entsprochen, und der Mann schlug den Nagel irgendwo ein, zog ihn dann wieder heraus und erklärte, daß dies nicht die geeignete Stelle sei. Dann hämmerte er ihn an einer Stelle nach der anderen hinein, bis er schließlich die ganze Wand ruiniert hatte. Der böse Trieb geht auf ähnliche Weise vor. Wenn der Mensch es zuläßt, daß er in sein Leben eindringt, und sei es auch auf die am wenigsten anstößige Weise, dann wird er ihn bald vollständig mit dem Bösen erfüllen.«

*Der materielle Sog.* Rabbi Schmelke sprach: »Im Hohenlied lesen wir: ›Mit der Stute an Pharaos Wagen vergleiche ich dich, meine

Freundin‹ (1, 9). Der Talmud\*-erläutert, beim Hineinfahren der Wagen der Ägypter in das Rote Meer habe die Strömung eine solche Stärke erreicht, daß die Pferde von den Wagen mit fortgerissen worden seien (zu Exodus 14, 25). Dementsprechend hat die Seele in uns ihr eigenes Leben, wohingegen der Leib mit toter Materie vergleichbar ist. Doch wir lassen es zu, daß unser Leib unsre Seele in den Sturzbach der Lüste zieht, genau wie die lebenden Pferde von den Wagen fortgezerrt wurden.«

*Blindes Begehren (1).* Der Neujahrs\*-Gottesdienst war vorüber, und die Chassidim hatten sich im Hause Rabbi Bunams eingefunden. Da sprach der Zaddik zu ihnen: »Ein Königssohn hatte sich gegen seinen Vater aufgelehnt und wurde vom Hofe verbannt. Nach einer Weile tat er dem König leid, und er schickte kundschaftende Boten nach ihm aus. Die Suche zog sich hin, bis ihn schließlich einer der Königsboten in einer ländlichen Herberge fand: von betrunkenen Dörflern umringt, barfuß tanzend, mit einem zerlumpten Kittel bekleidet. Der Kundschafter trat ehrerbietig vor ihn hin und sagte: ›Euer Vater schickt mich; ich soll in Erfahrung bringen, was Ihr Euch wünscht. Was immer Ihr begehrt, der König will es Euch gewähren.‹ Der verlorene Sohn brach in Tränen aus. ›Ach!‹ rief er, ›was mir bitter Not tut, wären feste Schuhe und warme Kleider auf dem Leib!‹ Nun denn – in gleicher Weise betteln wir blindlings um irgendwelche Kleinigkeiten des alltäglichen Bedarfs und denken keinen Augenblick daran, daß die Schechina* in der Verbannung lebt.«

*Blindes Begehren (2).* Der Dzikower erzählte folgende Geschichte: »Während des Krimkriegs stand Zar Nikolaj auf einer Bastion, um den Fortgang der Schlacht um das belagerte Sewastopol zu beobachten. Ein gemeiner Soldat bemerkte eine heranfliegende Granate und drängte den Zar schützend zur Seite; nur knapp verfehlte die Granate dessen Kopf. Aus Dankbarkeit für seine Errettung fragte der Zar den Soldaten: ›Womit kann ich dir deine Tat belohnen?‹ ›Väterchen‹, sagte der, ›ich bitte Euch darum, daß Ihr mich unter einen anderen Korporal versetzen laßt, denn mein jetziger behandelt mich schlecht.‹ ›Was für ein dummer Kerl du doch bist!‹ rief der Zar. ›Werd selber Korporal!‹ Gleicherweise bitten und betteln wir vor dem Herrn um unbedeutende Gefälligkeiten, anstatt das eine zu erflehen: in den Stand der Erlösung versetzt zu werden.«

*Fluchbeladener Segen.* Rabbi Bunam wurde gefragt: »Gott verflucht die Schlange, sie solle Erde essen ihr Leben lang (Genesis 3, 14). Was macht diese Verfügung Gottes eigentlich zum Fluch? Er begabt hier doch die Schlange mit der Fähigkeit, immer und überall Nahrung zu finden – läuft dies nicht eher auf einen Gnadenerweis hinaus?«

Der Rabbi erwiderte: »Gott verfügte über Adam, im Schweiße seines Angesichts solle er sein Brot essen; und so er keines haben würde, könne er Ihn um Beistand bitten. Über Eva verfügte Er, unter Schmerzen solle sie Kinder gebären; und so sie die Stunde zu hart ankommen würde, könne sie Ihn um Erleichterung bitten. Demgemäß sind Mann und Frau mit dem Herrn verknüpft und gelangen von selbst zu Ihm. Die Schlange hingegen, die ja die Wurzel des Unheils ist, wurde von Gott mit allem für sie Erforderlichen begabt, damit sie es nie nötig haben würde, sich bittend an Ihn zu wenden. Nicht anders stattet Gott manchmal die Übeltäter mit allen irdischen Gütern aus.«

*Die Gnade der Sterblichkeit.* Den Schriftvers: »Daß er jetzt nicht die Hand ausstreckt, auch vom Baum des Lebens nimmt, davon ißt und ewig lebt!« (Genesis 3, 22) erläuterte Rabbi Bunam wie folgt: »Ein Dasein im Reich des Todes – dies räumte Gott in seiner grenzenlosen Barmherzigkeit den ersten beiden Menschen nach ihrem Sündenfall ein: als unabdingbare Voraussetzung zu ihrer vollständigen Erlösung. Denn hätten sie vom Baum des Lebens gegessen, so wäre ihr Seelenodem auf immer daran gehindert gewesen, sich aus der Umklammerung des Materiellen zu befreien und den Weg zur Erlösung zu beschreiten. Darum verwehrte Gott es ihnen und verjagte sie aus dem Garten Eden.«

*Der Daseinsgrund der Sünde (1).* Der Große Maggid sprach: »Selbst in der Sünde wohnen Funken\* göttlicher Herrlichkeit; andernfalls vermöchte sie nicht zu bestehen oder auch nur das kleinste Glied zu rühren. Und was sind die Funken, die in ihr wohnen, dem keimhaften Wesen nach? Reue. Die Sünde birgt insgeheim die Reue in sich wie die Olive das Öl. In der Stunde, da du dich abkehrst von der Sünde, hebst du die Gottesfunken aus ihr; und sie steigen empor zu den himmlischen Regionen.«

*Der Daseinsgrund der Sünde (2).* Der Ropschitzer sprach: »Nichts Böses darf vor den Allerhöchsten gebracht werden. Wie bringt da der

Satan die Sünden der Menschen vor den Herrn? Die Antwort lautet, daß er nur die Heiligkeit bringt, die in der Sünde enthalten ist; denn die Sünde enthält den Keim der Reue, die die Missetat in ein gutes Werk verwandelt. Und der Satan gibt jeweils bekannt, dieser oder jener Mensch sei zu dieser oder jener Art Reue verpflichtet. Wenn der Betreffende sich aber nicht zu ihr durchdringt, dann bleibt er sie schuldig und kann nicht hintreten vor den Allheiligen.«

*Der Sündensegen.* Den Schriftvers: »Und dein Same soll besitzen die Tore seiner Feinde« (Genesis 22, 17) erläuterte der Gerer wie folgt: »Im Talmud\* lesen wir, daß ein Sünder, der zum aufrichtigen Büßer wird, für seine Vergehen Anerkennung findet, als wären sie durch die Reue in Tugenden umgewandelt worden. Also – der Büßer aus dem Samen Abrahams erbt demzufolge seelischen Reichtum von seinen schlimmsten Feinden: seinen Freveltaten.«

*Anlaß zum Neid.* Dem Berditschewer kam einmal auf der Straße ein hoher Würdenträger entgegen, der für seine Übeltaten ebenso bekannt war wie für seine große Macht. Der Rabbi hielt ihn sacht am Ärmel fest und sagte: »Wie sehr ich Eure Exzellenz beneide! Denn wenn Ihr bereut und zu Gott zurückkehrt, wird sich jeder Eurer Makel zu einem Lichtstrahl wandeln, und Ihr werdet ganz und gar in schimmerndem Glanz aufgehen. Ein großes Licht zu sein ist Euch beschieden; und ebendarum, Herr, beneid' ich Euch.«

*Der Vorzug des Menschenwerks.* An den Schriftvers: »Dies ist das Gesetz des Brandopfers« (Levitikus 6, 9) fügte der Kozker folgende Überlegung an: »Weshalb verlangt der Herr das Opfer nicht von den Engeln, sondern von den Menschen? Ein von den Engeln dargebrachtes Opfer wäre wesensgemäß um vieles reiner als das von Menschen dargebrachte. Aber der Herr wünscht ja nicht den Akt, sondern das Sichbereitmachen dazu. Die hehren Engel agieren lauter und getreu – die Bereitschaft, die innerliche Zurüstung, aber ist ihnen fremd. Das Sichbereitmachen obliegt allein dem Menschen; der muß sich rüsten und aus dem hemmenden Wirrwarr der mächtigen Verstrickungen herausreißen. Darin begründet sich der besondere Vorrang des menschlichen Tuns.«

*Die wartende Satzung.* Dem Schriftvers: »Diese Worte, auf die ich dich heute verpflichte, sollen auf deinem Herzen sein« (Deuteronomium 6, 6) fügte der Kozker erläuternd hinzu: »Es heißt hier, wohlgemerkt, nicht ›in deinem Herzen‹, sondern ›auf deinem Herzen‹. Das Herz hat nämlich Zeiten, da es unzugänglich und zu ist. Auf ihm aber harren die Worte den geheiligten Stunden entgegen, da es sich erschließt; dann sinken sie in sein Innerstes hinab.«

*Das schlagende Argument.* Den Apter suchte einmal eine höhergestellte Frau auf, um sich Rat bei ihm zu holen. Kaum war sie eingetreten, als er ihr auch schon aufgebracht entgegenschleuderte: »Liederliches Weib! Vor kurzem noch hast du gesündigt – und wagst es jetzt, meine Wohnung mit deinem Atem zu beflecken?« Unerschrocken gab ihm die Frau, ihrer innersten Stimme folgend, zur Antwort: »Gott der Herr weiß mehr von meiner Sünde als Ihr; aber Er hat Geduld mit den Bösen und beeilt sich nicht, ihnen die Abrechnung vorzulegen. Niemandem macht Er der Sünder Geheimnis kund, damit nicht Scham sie am Weg der Reue hindre, noch wendet Er sein Antlitz weg von ihnen. Der Rabbi von Apta jedoch sitzt zu Gericht und erachtet es für rechtens, den Schleier von dem abzureißen, was der Herr im Verborgenen hält.«

Von da an sagte der Apter gelegentlich: »Mit Worten hat mich keiner je besiegt – bis auf ein Weib.«

*Der doppelte Exodus.* Der Zloczower Maggid wurde von einem seiner Schüler über den Schriftvers befragt: »Der Herr antwortete Mose: Jetzt wirst du sehen, was ich dem Pharao antue. Denn von starker Hand gezwungen, wird er sie ziehen lassen, ja, von starker Hand gezwungen, wird er sie sogar aus seinem Lande ausweisen« (Exodus 6, 1). »Ist es denn nötig«, wollte der Schüler wissen, »dem aus harter Knechtschaft Befreiten auch noch seine Freiheit aufzudrängen und ihn zu verjagen? Wird er nicht schleunigst entfliehen wie der Hase aus der Falle?«

Der Zaddik erwiderte: »In Verbannung befindet sich Israel immer, wenn es durch sich selbst gebannt ist; und erlöst wird Israel nur, wenn es selbst die Fesseln des Banns zerreißt. Kämpft es die ihm innewohnende böse Gewalt nieder, so wird die satanische Gewalt der Schlange überwunden, und mit ihr verfällt alsbald der lähmende Einfluß der weltlichen Gewaltträger. Nun waren aber die Kinder Israel in Ägypten nicht bereit, ihr geistiges Exil hinter sich zu lassen. Darum sagt Mose zum Herrn:

›Du hast Dein Volk nicht gerettet‹ (Exodus 5, 23) – und meint damit: Nicht Dir obliegt deines Volkes Errettung. Der Herr aber entgegnet: ›Jetzt wirst du sehen.‹ Und Er hält das Mose gelobte Versprechen und schreitet zu dessen Erfüllung. Mit Seinem göttlichen Licht bestürmt und blendet Er die ägyptische Satansmacht. Da glühen die in sie gebannten Funken\* zu neuem Leben empor – dem ihnen urverwandten göttlichen Licht entgegen; ihr versengender Glanz wird der Satansmacht unerträglich, so daß sie sie schließlich, ›von starker Hand gezwungen‹, hinausweist. Und was sich so auf der göttlichen Ebene des Lichts abspielt, spielt sich gleicherweise auf irdischer Ebene ab – zwischen den Kindern Israel und dem Pharao. Dementsprechend sind die Plagen zu verstehen.«

*Täglicher Exodus.* Der Kozienicer Maggid sprach: »Tag für Tag sollen wir aus Ägypten ziehen.«

*Das Exil im Innern (1).* Den Schriftvers: »Ich bin der Herr und will euch ausführen von euren Lasten in Ägypten« (Exodus 6, 6) deutete Rabbi Bunam so: »Eine Last zu tragen fällt üblicherweise leicht, wenn man sich einmal an sie gewöhnt hat. Als der Herr wahrnahm, daß die Israeliten sich nachgerade an ihre Aufgaben gewöhnt hatten und ohne Murren hart an ihnen arbeiteten, befand Er, es sei höchste Zeit für seines Volkes Befreiung.«

*Das Exil im Innern (2).* Der Alexanderer sprach: »Nicht die Knechtschaft in Ägypten, sondern daß sie sich innerlich mit ihr abgefunden hatten, war das eigentliche Exil der Kinder Israel.«

*Dieselbe Glut (1).* Rabbi Schalom Schachna sprach: »Der einundfünfzigste Psalm beginnt mit: ›Ein Gesang Davids‹ und kurz darauf folgt: ›Wie er zu Bathseba eingegangen war‹ (1–2). Das dürfen wir so verstehen: Voll leidenschaftlichem Feuer und aufrichtiger Inbrunst war David zu Bathseba eingegangen – und in eben dieser Gemütsverfassung vollzog er die Umkehr zum Herrn. Deshalb wurde ihm sogleich verziehen.«

*Dieselbe Glut (2).* Rabbi Moses Teitelbaum, der Ujhelyer, in jungen Jahren ein eingefleischter Widersacher des Chassidismus, der seiner Meinung nach die übelste Form von Ketzerei darstellte, war seinerzeit einmal zu Besuch bei seinem Freund und Gesinnungsgenossen Rabbi Joseph Ascher. Damals war gerade das Gebetbuch des Ari*, des großen Weisen und Ahnherrn der chassidischen Lehre, im Druck erschienen. Als es nun ein Bote den beiden überbrachte, riß Rabbi Moses diesem das umfangreiche Werk aus der Hand und schleuderte es zu Boden. Doch Rabbi Joseph hob es auf und sagte: »Immerhin ist es ein Gebetbuch, und man sollte sich nicht daran vergreifen.«

Der Lubliner erfuhr von dieser Sache und prophezeite sogleich: »Rabbi Moses wird sich zur chassidischen Botschaft bekehren, Rabbi Joseph wird bleiben, was er ist. Wer nämlich heute in glühender Feindschaft entbrannt ist, mag morgen in brennender Gottesliebe erglühen; wer aber in besonnener Kälte haßt, dem ist der Zugang auf immer verbaut.«

*Beste Voraussetzungen.* Zu Rabbi Seeb Wolf von Zbaraž kam einst ein Chassid, um einige Männer anzuschwärzen, die ihre ganzen Nächte mit Kartenspielen durchmachten. »Trefflich!« erwiderte der Zaddik. »Auch sie möchten dem Herrn dienen, wie jeder andere, ohne daß sie wüßten wie. Nun bringen sie sich aber das Wachbleiben bei und die unermüdliche Hingabe an *eine* Arbeit. Wenn sie dies bis zur Vollkommenheit beherrschen, haben sie bloß noch die Umkehr nötig – und fertig sind dann ein paar Diener Gottes, wie man sie sich nur wünschen kann!«

*Triumphale Zerknirschung.* Rabbi Bunam sprach: »Die wahre Umkehr ist folgendermaßen beschaffen: Da wird einer inne, daß es für ihn nichts mehr zu hoffen gibt; wie eine irdene Scherbe kommt er sich vor – ist er doch zerstörerisch aus dem heiligen Verband des Seins herausgebrochen – und wohl nimmermehr mag das Verletzte sich zur Ganzheit zusammenfügen. Doch, hoffnungslos, wie er ist, entschließt er sich, künftig dem Herrn zu dienen, und vollzieht ohne Säumen den Dienst. Das ist die eigentliche Umkehr; sie überwindet jeglichen Widerstand, weil der, der sie in vorbehaltloser Inbrunst übt, mit keinem Gedanken an ihre Wirkung denkt.«

*Der Reuezyklus.* Der Berditschewer sagte gelegentlich: »Wie eine Frau unter den Schmerzen des Gebärens sich schwört, nie mehr mit ihrem Mann zu schlafen, und hinterher nicht mehr an ihren Schwur denkt, so bekennen auch wir jedes Jahr zu Jom-Kippur* unsere Sünden und geloben die Umkehr – und laden weiterhin Schuld auf uns, und Du, o Herr, schenkst weiterhin die Vergebung!«

*Tagtägliche Umkehr.* Jeden Abend gab sich der Berditschewer Rechenschaft von den Werken des jeweiligen Tages. Reumütig und bußfertig gestand er sich jeglichen Fehler ein, den er entdecken konnte, und schwor sich, ihn nicht mehr zu begehen. Gleich darauf aber sagte er sich: »Levi Isaak, gestern hast du genauso gesprochen!« – um wiederum dagegenzuhalten: »Gestern war Levi Isaak nicht aufrichtig – heute aber ist wahr, was er redet.«

*Tag des Gerichts – Tag der Gnade.* Der Korezer sprach einst vor dem Blasen des Schofar\* am Morgen des Neujahrsfestes\*: »Alles Geschaffene findet Erneuerung durch den Schlaf, selbst Brunnen und Flüsse, Mineral und Gestein. Der Mensch nun muß vor dem Einschlafen den Leib von sich abtun und die Seele dem Herrn überantworten – so erhebt sie sich zu ihrem Ursprung und nimmt neues Leben in sich auf. An diesem Tage jedoch geschieht die allumfassende Erneuerung. Es senkt sich über alles rein geistige Sein ein tieferer Schlaf: über die Hierarchien der Engel, die sakralen Benennungen und mystischen Namen, die Lettern der Thora\*. Und dieser Schlaf verwirklicht den Zweck des großen Gerichts\* – daß der Geist erneuert wird. Tiefer schlafen soll demgemäß der Mensch, der mit Leib und Seele Begabte, und ganz und gar zu nichts zerfalle, auf daß er neu aus der Hand seines Schöpfers hervorgehe.« Dann setzte er den Schofar an den Mund.

*Die vorweggenommene Zerknirschung.* Der Miedžybožer sprach einst an einem Sabbatvorabend bei sich zu Hause den Gruß an die Engel des Friedens, um daraufhin mit dem Hausgebet zu beginnen. Doch nach dem Satz: ›Ich danke Dir, o Herr und Gott, für alle Gnaden, die Du an uns getan hast und die Du fürderhin an uns tun wirst‹, brach er ab und verstummte einige Zeit und sagte dann: »Wozu dank’ ich Dir für künftige Gnade? Weshalb wart’ ich nicht mit meinem Dank, bis die Gnade jeweils gekommen ist?« Und unumwunden gab er sich die Antwort: »Womöglich werd’ ich nicht in der Lage sein, Dir geziemend zu danken, wenn Du mir dereinst Gnaden erzeigst – drum muß ich Dir jetzt, im voraus danken.« Und die Tränen stürzten ihm aus den Augen.

Der Sawraner, sein Schüler, hatte unbeobachtet aus einer Ecke alles mit angehört. Bestürzt durch das Weinen des Meisters, trat er nun heran und sagte: »Wozu die Tränen? Gut habt Ihr doch gefragt, und gut habt Ihr geantwortet.« Der Miedžybožer erwiderte: »Durch welche künftige Verwerflichkeit werd' ich nicht in der Lage sein, dereinst zu danken? – Diese Vorstellung hat mich zum Weinen gebracht.«

*Zweierlei Gottesfurcht.* Der Bescht sprach: »Es gibt zwei Arten von Furcht vor dem Herrn – eine äußere und eine innere. Die äußere ist die Furcht vor Bestrafung; sie dient dazu, einen Menschen zur Umkehr zu bewegen. Der Büßer kann dann die innere Furcht erlangen: die Furcht, seinem geliebten Vater im Himmel zu mißfallen; dann hat er die äußere Furcht nicht mehr nötig.«

*Die gebotene Furcht (1).* Ein Denker fragte den Bescht: »Warum ist uns auferlegt, den König der Könige zu fürchten, wo uns doch bekanntlich ein sterblicher König ohne jedes ausdrückliche Gebot Furcht abnötigt?«

Der Bescht erwiderte: »Unsere Furcht vor einem sterblichen König ist nur eine äußere Furcht: die Furcht, an etwas Materiellem Mangel zu leiden oder es einzubüßen. Ist die Einbuße einmal erfolgt, haben wir keine Furcht mehr vor dem sterblichen Fürsten. Diese Art Furcht ist Menschen und Tieren gemeinsam. Uns jedoch ist eine innere Furcht auferlegt – die Furcht des Herrn: eine Furcht vor dem Mangel an wirklicher Verbundenheit mit Gott. Diese Art Furcht wird erst im Augenblick unseres Todes getilgt. Ein Mensch ohne innere Furcht ist seelisch tot.«

*Die gebotene Furcht (2).* Der Kozker wurde gefragt: »Nach der Verkündung der Zehn Gebote am Sinai sagt das Volk zu Mose: ›Rede du mit uns, dann wollen wir hören. Gott soll nicht mit uns reden, sonst sterben wir.‹ Und Mose erwidert: ›Fürchtet euch nicht!‹ – um fast im gleichen Atemzug die Ankunft Gottes so zu begründen: ›Die Furcht vor Ihm soll über euch kommen, damit ihr nicht sündigt‹ (Exodus 20, 19–20). Wie geht das eigentlich zusammen?«

Der Rabbi erwiderte: »Mose setzt hier eine Furcht gegen die andere. Mit ›Fürchtet euch nicht!‹ verweist er dem Volk die Furcht vor dem Tode; denn an dieser ist Gott nichts gelegen. ›Die Furcht vor Ihm‹, das heißt die Furcht vor seiner Ferne, die wünscht Gott sich von seinem Volk, und daß es der Sünde nicht erliege, die es Seiner Gegenwart entrückt.«

*Der Unterschied.* Der Kozker sprach: »Der Chassid hat Furcht vor dem Herrn, der Mitnaged\* vor dem Schulchan-Aruch\*.

---

*Das A und das O.* Zum Schriftvers: »Gottesfurcht ist Anfang der Erkenntis« (Sprichwörter 1, 7) merkte der Jehudi an: »Ich bin über mein Thora*-Studium zur Furcht des Herrn gelangt; mein Freund David, der Lelower, hingegen ist über seine Gottesfurcht zum Studieren der Thora gelangt. Demzufolge ist er größer als ich.«

*Das Korrektiv.* Der Bescht sprach: »Es ist ratsam, daß der Mensch seine Beschäftigung, ganz gleich welche es sei, immer wieder einen Augenblick lang unterbricht und sein Gemüt ganz auf die Furcht des Herrn ausrichtet. Dies sollte er selbst dann tun, wenn er mit einer religiösen Beschäftigung befaßt ist.«

*Die Furcht auf Gott beschränken.* Der Gerer sprach: »Wer außer Gott noch irgend etwas anderes fürchtet, ist gewissermaßen ein Götzendiener. Denn Fürchten ist gleichbedeutend mit der anbetenden Verehrung dessen, wovor man sich fürchtet; und diese Art der Hinwendung beansprucht der Herr für sich allein.«

*Der Prüfstein für Freude und Furcht.* Der Große Maggid lehrte: »Ein königlicher Wachtposten, in vollem Harnisch, das wehrhafte Schwert an der Seite, mag furchteinflößend wirken, und doch wäre es töricht, sich vor ihm zu fürchten, da er selbst keine Befugnis und Macht hat, Schaden zuzufügen. Ein königlicher Bote der freundlich dreinblickend jemanden in den Palast bestellt, mag höflich und huldvoll reden, doch wäre es ebenso töricht, sich über das Betragen dieses Boten zu freuen, wie sich vor jenem Wächter zu fürchten. Der Bote kann nicht von sich aus irgendwelche Gefälligkeiten erweisen. Da muß einer schon zum König gehen, wenn er wirklich wissen will, ob er Anlaß hat zu Furcht oder Freude. Demgemäß verhalten wir uns durchaus töricht, wenn wir uns wegen irgend etwas Bestimmtem fürchten oder freuen. Gott, der Gebieter und Eigner von allem, ist der einzige, auf den wir unseren Sinn voll Furcht oder Freude richten sollten.«

*Menschliche Furcht, göttliche Liebe.* Den Schriftvers: »Wer sollte Dich nicht fürchten, Du König der Völker?« (Jeremia 10, 7) kommentierte der Miedžybožer so: »Warum fragt der Prophet nicht: ›Wer sollte Dich nicht lieben?‹ Die Antwort lautet, daß die Liebe vom Herrn kommt und es für uns ganz natürlich ist, Gott zu lieben, sobald Er uns liebt. Furcht hingegen gehört uns zu, und wir sollten sie Ihm als Opfer darbringen, indem wir ihr Ausdruck verleihen.«

*Liebe für Liebe.* Ein gelehrter Knauser wandte sich an Rabbi Abraham von Stretyn, den Sohn des Jehuda von Stretyn, mit den Worten: »Ich hab' gehört, Ihr verstündet Euch auf magische Mittel und würdet damit bei den Leuten erstaunliche Wandlungen hervorrufen. Ich hätte auch gern eins von Euch – um die Furcht vor Gott zu erwerben!« »Ein Mittel für die Furcht vor Gott«, antwortete der Rabbi, »steht mir nicht zur Verfügung. Aber für die Liebe zu Gott könnt' ich Euch eins geben, wenn's Euch recht ist.« »Ach, daran wär' mir noch mehr gelegen!« rief der Mann. »Rückt es schon heraus!« »Die Menschenliebe ist das Mittel«, sagte ihm der Rabbi.

# Gemeinsinn und Menschenliebe

*Was schwerer fällt.* Der Miedžybožer bemerkte
einmal: »Wie anmutig und erfreulich ist doch
die Welt, wenn wir uns aus ihr heraushalten;
und wie lästig und unangenehm wird sie uns,
wenn wir uns nicht aus ihr heraushalten!«

*Das Eigene für die Welt.* Den Spruch aus den
Pirke Awot*: »Sei nicht böse für dich selber!«,
der dazu ermahnt, nie sich selber für von Gott
verworfen zu halten, deutete der Miedžybožer
wie folgt: »Dem Menschen ward sein Leben
verliehen, damit er seinen Teil zur Vervollkommnung der Welt beitrage. Die Welt hat
jeden einzelnen nötig. Doch manche Menschen
vergraben sich in ihren Gemächern, studieren,
beten und vermeiden es tunlichst, mit anderen
zu reden. Diese Menschen gelten als böse, denn
sie sind ›für sich selber‹, das heißt, sie meiden
die Menschen in willentlicher Einsamkeit. Gingen sie aber aus dem Haus und suchten das

Gespräch mit ihren Artgenossen, so könnten
diese von ihnen lernen, und die Welt wäre der
Vollkommenheit ein Stückchen näher ge-
rückt.«

*Das Eigene im andern.* Der Bescht sprach: »Al-
leinsein ist nicht gut für den Menschen, denn da
kann er seine eigenen Mängel nicht erkennen.
Indem er die ihm verhaßten Handlungsweisen
an einem Mitmenschen wahrnimmt, kann er
seine eigenen Mängel wie in einem Spiegel sehen. Es wäre ihm nicht möglich, das Vergehen
seines Genossen zu bemerken, wenn er sich
nicht unbewußt in gewissem Grade desselben
Vergehens schuldig gemacht hätte. Wenn also
beispielsweise einer beim Thora*-Studium
oder Gebet durch den fröhlichen Trubel seines
Nachbarn gestört wird, so ist dies ein Zeichen
des Himmels, daß sein Interesse vom rechten
Weg abgewichen ist, und er sollte, mit der gebührenden inneren Ausrichtung, von vorn beginnen.«

*Der Liebe vorgreifen.* Der Berschader sagte:
»Du wünschst dir, daß die Leute dich lieben?
Liebe du sie zuerst!«

*Das Kriterium wahrer Liebe.* Der Sassower berichtete seinen Schülern: »Wie wir in Wahrheit unseren Nächsten lieben sollen, hab' ich aus der Unterhaltung zwischen zwei Bauern gelernt, die ich zufällig mit anhörte. In schweigsamer Runde hockten sie mit anderen in der Schenke beim Wein, bis der eine, sichtlich bewegt, schließlich seinen Nebenmann anredete: ›Du, Iwan, sag mir: Liebst du mich?‹ Der andere antwortete: ›Ja, ich lieb' dich sehr.‹ Darauf der erste: ›Dann weißt du ja wohl, worunter ich leide?‹ Und wieder der zweite: ›Aber ich bitt' dich, woher soll ich wissen, worunter du leidest?‹ Darauf abermals der erste: ›Du behauptest, du liebst mich – doch worunter ich leide, das weißt du nicht. Du würdest es wissen, wenn du mich tatsächlich liebtest.‹ Und beide versanken wieder ins Schweigen. Mir aber wurde klar, was eigentliche Menschenliebe ist: die Nöte deines Nächsten zu fassen – und in dich aufzunehmen, worunter er leidet.«

*Die schwache Menschenliebe.* Der Karliner sprach: »Wenn ich doch imstande wäre, den größten der Zaddikim in dem Maße zu lieben, wie der Herr den größten Frevler liebt!«

*Alle Pein die eigene.* Der Sassower nahm an dem Schmerz eines jeden den regsten Anteil, als wäre er selbst davon gepeinigt. Als ihn jemand einmal auf dieses »Mitleiden-Können« ansprach, entgegnete er: »Was heißt ›mitleiden‹? Es ist doch immer nur Leid von mir selber. Wie soll ich's denn da *nicht* leiden?«

*Das brüderliche Feuer.* Zwei chassidische Brüder hatten ihren Zaddik, den Lubliner, aufgesucht, um die Tage der Buße* in seiner Nähe zuzubringen. An Jom-Kippur* erkrankte einer von ihnen schwer, und der Bruder mußte notgedrungen die Pflege übernehmen. Am Abend kam der Lubliner bei ihm vorbei, um sich nach dem Befinden des Kranken zu erkundigen. Der Chassid sagte kleinlaut, wie leid es ihm täte, daß er am Gottesdienst des Versöhnungstages nicht habe teilnehmen können; er sei ja gezwungen gewesen, den heiligsten Feiertag mit dem Anwärmen der Arznei zu entweihen. »Ah – jetzt wird mir klar«, bemerkte darauf der Rabbi, »weshalb unser Beten heute so inbrünstig war. Du hast sie angewärmt, unsere Gebete.«

*Franziskanisch.* Der Sassower betreute mit besonderer Hingabe die verwahrlosten Waisenkinder seiner Stadt. Die kranken und mit Grind

behafteten darunter pflegte und wusch er eigenhändig. Einmal sagte er: »Wer es nicht über sich
bringt, den Eiter aus den Wunden grindiger
Kinder zu entfernen, trägt noch nicht einmal die
Hälfte der Liebe zu den Menschen in sich.«

*Die volle Zuwendung.* Der Karliner sprach:
»Wer einem Menschen aus dem Morast und
Unrat emporhelfen will, der glaube nicht, daß
es damit getan sei, oben zu verharren und einen
hilfreichen Arm hinunterzustrecken. Mit Haut
und Haaren muß er hinunter und ganz hinein
in Unrat und Morast. Da ergreife er dann den
Gesunkenen beherzt mit beiden Händen und
bringe ihn und sich empor zum Licht.«

*Bekehrung durch Liebe.* Der Berschader
sprach: »Den Schlechten sollst du lieben. Und
warum? Weil er dich dann wiederliebt und die
Liebe eure Seelen vereinen wird. Dies hat zur
Folge, daß du, der du ja die Schlechtigkeit haßt,
deinen Haß auf ihn übertragen und ihn dadurch
veranlassen wirst zu bereuen. So kehrt er sich
vom Bösen ab, um sich dem Guten zuzuwen-
den.«

*Den Gegner gewähren lassen.* Mehrere Chassidim suchten den Bescht auf und sagten: »Unse-

re Widersacher, die Kabbala*-Fanatiker von Brody, drangsalieren uns ständig und beschuldigen uns – wovor uns Gott bewahre: dem Gesetz nicht Folge zu leisten und der Überlieferung unserer Altvorderen mit Respektlosigkeit zu begegnen. Wir können das doch nicht länger hinnehmen, sondern müssen uns mit ihnen auseinandersetzen!«

»Unsere Gegner«, sagte der Bescht, »tun dies sicher in gottesfürchtiger Absicht. Sie sind von der Lauterkeit ihres talmud*-strengen Handelns überzeugt und empfinden Freude, wenn sie uns schikanieren. Weshalb sollten wir bestrebt sein, ihnen ihre Freude zu verderben?«

*Entkräfteter Haß.* Der Kozker sprach: »Hat dir jemand Unrecht getan, so hasse ihn nicht. Die bösen Elemente in ihm sind es, durch die er dir Schaden zugefügt hat; aber es ist sehr wohl möglich, daß seine *guten* Elemente gewichtiger sind als das Gute in dir selbst.«

*Die Nachrede umschmieden.* Der Korezer sprach: »Wenn du schlecht von einem Menschen redest, dann wird dich der Satan zwingen, als sein Zeuge gegen den von dir Bezichtigten aufzutreten. Möchtest du der Gehilfe des Satans werden? Gib dem Fehler die Schuld, nicht dem Menschen.«

*Wie Gott geben (1).* Der Sassower verschenkte einmal den Rest Geld, den er noch besaß, an einen stadtbekannten Gauner. Als die Schüler ihm deswegen Vorhaltungen machten, entgegnete er: »Wie käm' ich dazu, anspruchsvoller zu sein als Gott der Herr, von dem ich es habe?«

*Wie Gott geben (2).* Ein armer Mann kam zu Rabbi Nachum von Tschernobyl und beklagte sich darüber, daß er kein Geld habe, seiner heiratsfähigen Tochter eine Aussteuer zu verschaffen. Der Rabbi gab ihm alles Geld, das er im Haus hatte. Bald darauf sahen mehrere Chassidim, wie der Mann in eine Schenke ging und sich anschickte, die Gabe des Rabbis zu vertrinken. Sie gerieten in Wut über so viel Falschheit – und nahmen an sich, was von der Spende des Rabbis noch verblieben war. Als sie es ihrem Zaddik zurückbrachten, rief er aus: »Gebt ihm unverzüglich das Geld wieder! Jedermann sollte Gott nachahmen, von dem die Neujahrs*-Hymne sagt: ›Gutes erweist Er den Bösen in gleichem Maß wie den Guten‹ – und ihr wollt mich um die Vergünstigung und Ge-

legenheit bringen, es Ihm eben jetzt gleichzu-
tun?«

*Widernatürlich geben.* Der Kossower sprach:
»Wenn du einem Armen eine Gabe spendest
und dieser sie dir mit der Bitte um ein noch
größeres Geschenk zurückreicht, dann wird dir
deine Einwilligung in seinen Wunsch das Ge-
neigtsein der oberen Welten verschaffen, denn
sie widerspricht der Menschennatur.«

*Grenzenlos geben.* Der Jehudi pflegte all seine
Besitztümer für mildtätige Zwecke zu ver-
schenken. Ein Chassid fragte ihn: »Hält uns
denn nicht die Lehre unserer weisen Väter dazu
an, nicht mehr als ein Fünftel unseres Vermögens wegzugeben?« Der Zaddik erwiderte:
»Ein Fünftel reicht aus, um die Pflicht zur
Wohltätigkeit gegenüber den Armen zu erfüllen. Will aber einer ›seine Vergehen tilgen, indem er Erbarmen hat mit den Armen‹ (Daniel
4, 24), dann mag er all sein Hab und Gut hingeben, denn ›alles, was der Mensch besitzt, gibt er
hin für sein Leben‹ (Ijob 2, 4).«

*Nicht rein.* Der Gerer mußte plötzlich feststel-
len, daß es seinen Chassidim zur Gewohnheit
geworden war, sich zwar untereinander zu hel-

fen, Außenstehenden jedoch keine Hilfe zu leisten. Am nächsten Sabbatmorgen kam er in seiner Predigt darauf zu sprechen und sagte: »Die Thora* zählt den Storch zu den zu verabscheuenden Vögeln, die wir nicht essen dürfen (Levitikus 11, 19). Im Hebräischen heißt er ›Chassida‹, die Fromme, Liebevolle, weil er, nach dem Talmud*, Nahrung zu den Nestern seiner Genossen bringt. Wieso ist dieser Vogel eigentlich zu verabscheuen, wo er doch als ›Chassida‹ und hilfreich gilt? Die Antwort lautet: weil er nur seine Genossen ernährt, nicht aber Außenstehende.«

*Kollekte zur Sammlung.* Die Gemeinderäte von Miedžybož, der Heimatstadt des Bescht, beschlossen, den Brauch abzuschaffen, am Tag vor Jom-Kippur* Kollektenteller für die Armen neben dem Eingang zur Synagoge aufzustellen. Der Lärm, den dieses Almosengeben mache, beeinträchtige die gebotene Feierlichkeit der Liturgie. Der Bescht widersetzte sich diesem Beschluß mit den Worten: »Hörbares Almosengeben vertreibt mit seinem Geräusch alle unheiligen Gedanken.«

*Das sattsam Bekannte.* Als Rabbi Levi Isaak das Rabbineramt in Berditschew antrat, bedang er sich aus, nur zu jenen Sitzungen des Gemeinderats geladen zu werden, in denen man über den Erlaß neuer Verordnungen entscheiden wollte. Einmal nun stand die Abstimmung über ein Verbot auf der Tagesordnung, das den Armen das Betteln an der Haustür untersagte; zum Ausgleich war an die Einrichtung einer öffentlichen Armenkasse gedacht, in die alle wohlhabenden Mitglieder der Kommune einzahlen sollten. Man zog den Berditschewer hinzu; aber der protestierte mit den Worten: »Was ruft ihr mich wegen einer so alten Sache!« »Aber Rabbi«, sagten sie, »diese Einrichtung, so es dazu kommt, wäre doch etwas völlig Neues!« »Da täuscht ihr euch«, erwiderte er. »Uralt ist sie wie Sodom und Gomorra. Entsinnt euch jener jungen Frau aus Sodom, von der der Talmud* berichtet: Einem Bettler gab sie eigenhändig einen Ranken Brot und wurde für dieses schlimme Vergehen nackt und mit Honig überzogen den Bienen zur Beute gemacht. Es mag wohl sein, daß die Städter damals auch so eine öffentliche Kasse hatten, deren ganzer Sinn und Zweck darin bestand, es den Wohlhabenden nur ja zu ersparen, mit den Armen in direkte Berührung kommen zu müssen.«

*Paradiesische Saat.* Der Große Maggid sprach: »Was ein Mensch an hilfreichen Taten vollbringt, das dient dem Herrn als Same, aus dem Er Bäume im Garten Eden zieht. So schafft jeder Mildtätige mit am Paradies.«

# Die innerweltliche Arbeit
# am Göttlichen

*Keine zweite Welt.* Der Alexanderer sprach: »Den Glauben an die Existenz zweier Welten gibt es auch bei den nichtjüdischen Völkern – ›in der anderen Welt‹ ist bei ihnen eine geläufige Wendung. Nur gehen sie eben von der Annahme aus, die beiden seien klar voneinander geschieden, ja ihrem Wesen nach einander entgegengesetzt. Das Bekenntnis der Kinder Israel jedoch hält unverbrüchlich daran fest, daß die zwei Welten in ihrem verborgenen Wesenskern eins sind und sich zu *einer* offenbaren Welt gestalten sollen.«

*Der irdische Auftrag.* Den Schriftvers: »Der Himmel allenthalben ist des Herrn; aber die Erde hat Er den Menschenkindern gegeben« (Psalmen 115, 16) erläuterte der Alexanderer so: »Der Himmel ist des Herrn, weil Er bereits allenthalben himmlisch beschaffen ist; aber die Erde hat Er den Menschenkindern gegeben, damit sie sie ins Himmlische umgestalten.«

*Kein zweites Zimmer.* Rabbi Mendel von Worki wurde von einem Chassid besucht, der beim Verscheiden eines kürzlich verstorbenen Zaddiks und Freundes von Rabbi Mendel zugegen gewesen war. »Und was für einen Eindruck hattest du?« wollte er von dem Augenzeugen wissen. »Ergreifend friedvoll war es«, sagte der, »als ob er sich nur von einem Zimmer ins andere begäbe.« »Nein, nicht von einem Zimmer ins andere – von einer Ecke des Zimmers in die andere«, verbesserte ihn der Rabbi.

*Hier wie dort zu Haus.* Rabbi Bunam sprach: »Unablässig durchschreitet der Mensch zwei Pforten – hinaus aus der irdischen Welt, hinein in die künftige Welt, und Mal um Mal aus einer Welt hinaus und zur anderen hinein.«

*Der Bau.* Der Ropschitzer sprach: »Durch unseren Gottes-Dienst bauen wir Tag für Tag an Jerusalem. Einer von uns fügt eine Häuserzeile hinzu, der andere nur einen Ziegel. Sobald Jerusalem vollendet ist, wird die Erlösung kommen.«

*Die größere Erhellung.* Rabbi Schalom Schachna sprach: »Der Talmud* berichtet von einem mit den himmlischen Bildern und Bahnen der Sterne vertrauten Weisen; in leuchtender Helle seien sie ihm vor Augen gelegen wie die Gassen seiner Heimatstadt. Ach, lägen *uns* doch die Gassen unserer Stadt so leuchtend hell vor Augen wie ihm einst die himmlischen Bahnen und Bilder der Sterne! Denn hier, in der untersten, stofflich verdunkelten Welt, das eingeschlossene göttliche Licht an den Tag zu bringen, dies übersteigt die Fähigkeit des Astronomen.«

*Das Diamantenlicht.* Den Schriftvers: »Aber bei allen Kindern Israel war es licht in ihren Wohnungen« (Exodus 10, 23) deutete der Rushiner wie folgt: »Jeder einzelne von uns besitzt einen heiligen Funken*, doch nicht jeder fördert ihn so günstig wie möglich zutage. Der Funken gleicht dem Diamanten; dieser kann seinen Glanz nicht verbreiten, wenn er im Erdreich begraben ist. Aber in jedem von uns ist Licht wie von einem Diamanten, sobald man es in der geeigneten Fassung zum Erstrahlen bringt.«

*Das Ortsgebot.* Rabbi Bunam verrichtete einmal mitten im Trubel eines Gasthauses sein

Gebet. Man rempelte ihn an und schubste ihn herum, und doch zog er sich nicht auf sein Zimmer zurück. Eine Weile danach sprach er darüber zu seinen Schülern: »Manchmal fühlt man sich in einer bestimmten Umgebung außerstande zu beten und macht sich fort in eine andere. Aber diese Verhaltensweise ist unangemessen. Die im Stich gelassene Umgebung ruft einem vorwurfsvoll hinterher: ›Weshalb hast du nicht *mich* zum Schauplatz deiner religiösen Erbauung erwählt? Was immer dich davon abhielt oder dir hinderlich schien – es war nichts anderes als der Fingerzeig auf deine Pflicht, mich aus meiner Verfinsterung zu erheben!‹«

*Das Liebeswerk (1).* Rabbi Schmelke wurde von einem Schüler gefragt: »Uns ist auferlegt: ›Du sollst deinen Nächsten lieben wie dich selbst‹ (Levitikus 19, 18). Wie bin ich dazu imstande, wenn mein Nächster mir Böses zufügt?«

Der Zaddik erwiderte: »Mach dir nur den eigentlichen Sinn des Gebotes klar: Liebe deinen Nächsten wie etwas, mit dem du selbst eins bist. Alle Seelen sind nämlich eins, ist doch jede ein Funken*, der von der ursprünglichen Seele stammt, und die waltet und wirkt in jeder einzelnen, so wie deine Seele in jedem einzelnen deiner Gliedmaßen waltet und wirkt. Nun kann es ja einmal dazu kommen, daß deine Hand eine falsche Bewegung macht und dir selbst einen Hieb versetzt. Greifst du da etwa nach einem Stock und schlägst sie wegen ihres groben Versehens, um dadurch deinen Schmerz noch zu vergrößern? Nicht anders verhält es sich, wenn dir dein Nächster, dessen Seele ja eins mit der deinen ist, in seiner Verblendung Böses zufügt – übst du an ihm Vergeltung, dann verletzt du bloß dich selbst.«

Darauf fragte der Schüler: »Aber wenn ich es offensichtlich mit einem Menschen zu tun habe, der in Bezug auf Gott den Herrn ein Böser ist – wie vermag ich dem gegenüber das Gebot der Nächstenliebe zu erfüllen?«

»Du mußt dich eben darauf besinnen«, sprach der Meister, »daß die ursprüngliche Seele aus Gott hervorgeht und jede menschliche Seele ein Teil Gottes ist. Und würdest du gewahr, daß einer seiner heiligen Funken sich offensichtlich zutiefst verstrickt hat und gleich zu erlöschen droht – hättest du dann kein Mitleid mit diesem?«

*Das Liebeswerk (2).* Dem Berschader lagen Brüderlichkeit und mitmenschliche Aussöhnung in besonderem Maße am Herzen. Wurde ihm von haßerfüllten oder bösartigen Leuten berichtet, so zitierte er gern einen Ausspruch des Bescht, der dem Vater eines in Unglauben Verfallenen anbefohlen hatte, seinen Sohn nur noch mehr zu lieben. »Wenn dir klar wird«, sagte der Berschader, »daß dein Mitmensch dich nicht leiden kann, ja dir feindlich gesonnen ist, dann raff dich auf, und erweise ihm deine Liebe mehr als zuvor. Nur so vermagst du den entstandenen Mangel zu überbrücken – gestalten und wirken doch die Kinder Israel am Wagen* der Schechina*. Verharren sie liebevoll in brüderlichem Einssein, dann schwebt sie über ihnen in aller segensreichen Heiligkeit. Jeder ernstliche Zwist aber bricht eine Spalte auf im Wagen, und die göttliche Heiligkeit stürzt wieder nieder in die verbergenden Schalen*. Wenn sich also dein Mitmensch innerlich von dir lostrennt, mußt du ihm in größerer Zuneigung und Freundlichkeit entgegenkommen als bisher, damit der klaffende Spalt auf diese Weise geschlossen werde.«

*Die rechte Feuerung.* Der Bescht sprach: »Im Talmud* lesen wir, daß Fasttag-Gottes-Dienste, an denen keine Unfrommen teilnehmen, keine echten Gottes-Dienste sind. Wie ist das zu verstehen? Legt man ein einzelnes nasses Holzscheit in den Ofen, so wird es nicht brennen; legt man es aber zwischen trockene Scheite, dann wird es, wenn das Entfachen des Feuers richtig erfolgt, sehr wohl brennen. Gleicherweise ist die Gottesverehrung von Frommen, die durch ihre Glut kein ähnliches Feuer unter Unfrommen zu entfachen vermag, keine echte Gottesverehrung.«

*Die Menschenleiter.* Der Bescht versenkte sich einmal im Bethaus ungewohnt lang ins Gebet. Seine Jünger waren bereits mit dem Beten fertig; er jedoch setzte es in sich gekehrt weiter fort. Sie verharrten noch geraume Zeit und entfernten sich dann, um ihren unterschiedlichen Alltagstätigkeiten nachzugehen. Als sie Stunden später ins Bethaus zurückkehrten, betete der Meister noch immer voll Inbrunst. Hinterher trat er zu ihnen und sprach: »Schmerzlich habt ihr mich in Stich gelassen durch euren Weggang; solche Trennung schwächt, und sie betrübt mich. Laßt es euch durch ein Gleichnis verdeutlichen. Daß die Zugvögel den Winter über in südlichen Ländern weilen, wißt ihr. In einem solchen Lande erblickten die Bewohner unter den befiederten Wintergästen einen Vogel von unvergleichlicher, nie zuvor gesehener Schönheit, der sich den Wipfel der höchsten Palme zum Nistplatz erwählte. Als der Landesfürst von dem Vogel hörte, wollte er dies herrliche Geschöpf unbedingt in seinen Besitz bringen. So wies er mehrere seiner Höflinge an, den Baumstamm hinauf eine Leiter zu bilden: Einer sollte sich jeweils auf die Schulter des nächsten stellen, bis der oberste nahe genug heranreichte, um ein Netz über den Vogel zu werfen. Langwierig war die Errichtung des Leibergerüsts. Da wollten die zuunterst Stehenden sich nicht länger gedulden; sie zuckten und traten von einem Bein aufs andere, und die ganze Leiter stürzte zerstückt herab auf den Boden.«

*Die überirdische Menschwerdung.* Den Vers aus den Pirke Awot\*: »Kenne, was oben ist, über dir« kommentierte der Apter mit der Umschreibung: »Erkenne: Das oben über dir ist von dir.« Und er fuhr fort: »Und was ist da oben über uns? Die Antwort steht bei Ezechiel: ›Oben über ihnen … war es gestaltet … gleichwie ein Thron; und auf demselbigen Thron saß einer, gleichwie ein Mensch gestaltet‹ (1, 26). Wie darf man derlei von Gott behaupten? Die Schrift sagt uns doch: ›Wem wollt ihr denn mich nachbilden, dem ich gleich sei?‹ (Jesaja 40, 25). Aber es verhält sich anders – der wie ein Mensch Gestaltete, der ist von uns. Wir bilden ihn mit der aufrichtigen Inbrunst unseres gottesfürch-

*Der Thronwagen Gottes*\*, nach Ezechiel 1, 4ff.
Holzschnitt, 17. Jh.

tigen Dienstes. Dem Nichtvergleichbaren, Un-
abbildbaren – dem Erschaffer selbst – schaffen
wir dadurch eines Menschen Gestalt. Wer sich
in demütiger Nächstenliebe der Bedürftigen er-
barmt, der schafft und formt an der Rechten des
Herrn. Und wer in unablässigem Ringen den
Widersacher und seine Werke bezwingt, der
schafft und formt an der Linken des Herrn. Ja –
der oben, über Dir auf dem Thron, der ist von
Dir.«

# Hinwendung und Hingebung

*Jeder neu für sich.* Der Bescht sprach: »In der Tefillah\* heißt es: ›Gott Abrahams, Gott Isaaks und Gott Jakobs‹ und nicht: ›Gott Abrahams, Isaaks und Jakobs‹. Aus welchem Grund? Weil Isaak und Jakob nicht auf Abrahams Gotteserfahrung und Gotteshingabe aufbauten, sondern sich jeweils selber versenkten in das Erfahren des Herrn und die Hingabe an Ihn.«

*Durch Gottes Pforten.* Der Große Maggid sprach: »Zu jedem Schloß gehört der rechte Schlüssel, der sich fugendicht hineinschmiegt und es auftut. Die raschen Diebe aber brauchen keine Schlüssel – sie zersprengen das Schloß, sie durchbrechen das Tor. Die heimlichen Horte der Welten, sie warten auf das eifrig forschende Gemüt, das sich in ihre Fugen einschmiegt, und tun sich auf. Der Himmel aber harrt der Ungeduld des Diebes, der das Schloß zerbricht: des Menschen, der sich in himmelstürmender Inbrunst das kieselharte Herz aufsprengt und bricht.«

*Die Heimkehrwilligen.* Der Kozker sprach: »Die Seelen sind aus der oberen Welt auf einer Leiter zur irdischen Welt herabgestiegen; danach wurde die Leiter fortgeschafft. Jetzt ergeht an die Seelen der Ruf zur Rückkehr. Da bleiben die einen tatenlos, wo sie sind – wie sollte man wohl ohne Leiter in die himmlischen Gefilde gelangen? Die anderen springen empor und stürzen zu Boden, springen ein zweites Mal und stürzen neuerlich hin, dann hören sie auf damit. Einige jedoch, die sich durchaus im klaren sind, daß für sie keine Aussicht auf Erfolg besteht, probieren es unverdrossen wieder und wieder – bis Gott ihnen entgegengreift und sie zu sich hinaufhebt.«

*Das eine Ziel.* Rabbi Bunam sprach: »Zwei Kaufleute reisen zur Leipziger Messe. Der eine reist auf direktem Wege dorthin, der andere fährt einen Umweg, aber beide kommen an dasselbe Ziel. In ähnlicher Weise zielt die dienende Hingebung an Gott einzig darauf ab, die Stufe der lauteren Heiligung zu erreichen, auf der wir Gottes Willen zu dem unseren machen. Wie lange einer Gott dient, ist folglich gleichgültig – vorausgesetzt, daß er diese Stufe erreicht. Einer mag jung oder im besten Mannesalter sterben und doch ebenso geheiligt werden wie einer, der hochbetagt stirbt. Der Talmud* lehrt uns: ›Ob einer viel tut oder wenig, bleibt sich gleich, so er nur darauf abzielt, Gottes Willen zu tun.‹«

*Vor sein Angesicht.* Der Bescht sprach: »Ein König baute sich einen Palast und umstellte ihn mit Wächtern. Viele aus dem Volk kamen, um den König anzuschauen, aber als sie die Wächter erblickten, gingen sie fort. Andere gaben den Wächtern Geschenke und erhielten die Erlaubnis einzutreten, aber als sie die kostbaren Verzierungen und Geräte in den großen Sälen erblickten, vergaßen sie ihren inneren Auftrag, den König zu schauen. Andere wieder gönnten weder den Wächtern noch dem Prunk einen Blick, sondern schritten geradewegs vor den König. Ja, so verhält es sich: Manche, die die Zwiesprache mit dem Herrn suchen, ziehen sich bei der ersten Behinderung zurück. Andere bringen Geschenke der Nächstenliebe und hilfreiche Werke, bevor sie mit ihren Gebeten beginnen, sind aber bald von einem gescheiten Kommentar oder feinsinnigen Ausspruch in Bann geschlagen. Doch andere wieder richten sich geistig unmittelbar auf Gott aus und lassen sich von keinerlei Ablenkung beirren, wie reizvoll sie auch sei.«

*Was sich stets steigern läßt.* Der Radoschitzer lag schwerkrank darnieder und bereitete sich aufs Sterben vor. Er richtete das Wort an seine Schüler und sprach: »Wer, wie ich, seine letzte Stunde nahen fühlt, der ist gehalten, ein letztes Bekenntnis seiner Sünden abzulegen. Doch was soll ich bekennen? Soll ich erklären, daß ich gesündigt habe? Aber ich weiß von keiner Sünde – soll ich etwa in meinem Zustand die Unwahrheit reden? Soll ich geloben, für den Gottes-Dienst mehr Zeit aufzubringen und Ihm mit umfassenderem Einsatz zu dienen? Aber ich weiß: Ich hab' alles getan, was ich zu tun vermochte. Und dennoch – eines muß ich eingestehn: In der geistigen Hingebung an den Herrn – da hab' ich's wohl noch an Reinheit, Unbedingtheit, Innigkeit fehlen lassen. Ja – *darin* kann und soll ich Besserung geloben; *darin* sind der Vervollkommnung keine Grenzen gesetzt, denn alle gottesfürchtige Hingebung hat das Grenzenlose, die Größe des Herrn, zum Inhalt und Ziel. So will ich denn, wenn Er mir mein Leben verlängern mag, die Stufen der Läuterung beschreiten und Ihm mit stetig wachsender Reinheit, Unbedingtheit, Innigkeit mich hingeben und zugetan sein.« Der Rabbi gesundete und lebte noch viele Jahre.

*Das Elend teilen (1).* Den Schriftvers: »Ich bin ein Gast auf Erden: verbirg deine Gebote nicht vor mir« (Psalmen 119, 19) erläuterte der Miedžybožer wie folgt: »Ein Reisender kam in eine Stadt, in der ihm jedermann fremd war; niemanden hatte er, mit dem er ein Gespräch führen konnte. Eine Weile später tauchte ein zweiter Fremder auf, und die beiden, gedrängt von ihrer gemeinsamen Einsamkeit, wurden Freunde. Sie waren sich einig, künftig keinerlei Geheimnisse voreinander zu haben. Der Psalmist sagt: ›Ein Fremder bin ich auf der Erde der Übeltäter, und Du, o Herr, bist gleicherweise unwillkommen. Laß uns Freunde werden und keinerlei Geheimnisse voreinander haben.‹«

*Das Elend teilen (2).* Der Große Maggid sprach: »Die göttlichen Eingebungen werden uns heutigentags, im Exil, eher zuteil als in jener Epoche, da noch unzerstört der Heilige Tempel ragte. Ein König, der, aus dem eigenen Lande verjagt, in der Fremde umherzog, fand gelegentlich Aufnahme und Herberge bei armen Leuten. Wie freute er sich da, wenn sie ihm, trotz der kärglichen Bewirtung und dürftigen Unterkunft, seinem Range gemäß mit ehrfürchtiger Anhänglichkeit begegneten! Warmherzig und offen unterhielt er sich mit ihnen, wie einst an der Tafel oder im Kabinett nur mit seinen engsten Vertrauten. Gleicherweise verhält sich auch der Herr, jetzt, wo Er in die Not der Fremde verschlagen ist.«

*Das Elend teilen (3)*. Der Zloczower Maggid lebte in großer Armut. Ein Mann fragte ihn einmal: »Der Herr schenkt doch den Gebeten der Zaddikim Gehör und erfüllt ihre Wünsche – warum bittet ihr Ihn da nicht um ein gutes Auskommen?« Der Maggid antwortete: »Ein König richtete für die Dauer der Hochzeitsfeierlichkeiten seiner geliebten Tochter ein prächtiges Fest aus. Er verfügte, daß jeder, der zu dieser Zeit bei Hofe vorspräche, mit einer erlesenen Auswahl an Speisen und Getränken zu bewirten sei. Dann aber erkrankte die Prinzessin; sie lag auf den Tod darnieder, und die Freude des Königs schlug in Trauer um. Mehrere Besucher aus anderen Städten trafen mittlerweile im Palast ein, und die Empfindsameren unter ihnen reisten, als sie die bestürzende Kunde vernahmen, unverzüglich ab, um den Hofstaat in seinem Gram nicht zu belästigen. Einer aber, grob gestrickt und ohne Mitgefühl, bat um die verheißenen Köstlichkeiten. Sie wurden ihm aufgetischt, und schmatzend schlang er sie in sich hinein – unter den verachtungsvollen Blicken aller Höflinge. Soll ich es etwa diesem dickfelligen Gierling gleichtun, während sich die Schechina* über das Exil grämt und über die Leiden von Gottes Tochter, dem Volke Israel?«

*Wunschgemäß wollen.* Der Alexanderer wurde gefragt: »In den Psalmen lesen wir: ›Die Wünsche derer, die Ihn fürchten, erfüllt Er‹ (145, 19). Wie geht das an, von Gott zu behaupten, daß Er den Gottesfürchtigen stets zu Willen sei? *Sie* sind es doch vielmehr, die so viel Unerwünschtes durchzumachen haben und die so viel von dem entbehren müssen, was sie sich sehnlich wünschten!« Er erwiderte: »Der Sinn erschließt sich, wenn ihr euch vor Augen haltet, daß Gott die Wunschkraft derer, die Ihn fürchten, selber wirkt. Auch sie ist von Ihm geschaffen. An uns Menschen liegt es freilich, ihr Wünschen zu wollen.«

*Der Wesenskern der Mystik.* Der Kobryner, einst über die Grundbeschaffenheit der Kabbala* und die heilig-magischen Ausrichtungen, die Kawwanot*, befragt, erklärte dazu: »Ihr müßt euch vor Augen halten, daß die Bezeichnung ›Kabbala‹, auf ›kabbel‹ – aufnehmen, empfangen – und ›Kawwana‹ auf ›kawwen‹ hinlenken, ausrichten – zurückzuführen ist. Die Grundkonzeption des ganzen kabbalistischen Geheimwissens besteht nämlich darin, daß der Mensch als dienstbares Organ das göttliche Wollen in sich aufnimmt; und die Grundkonzeption der ganzen mystischen Technik der Kawwanot besteht darin, daß der Mensch seinen inneren Sinn vollständig auf Gott ausrichtet. Spricht einer: ›O du mein Herr und Gott‹ und sagt damit, daß Gott in ihm ist und er in Gott – was für ein Wunder, daß da die Seele nicht von ihm scheidet!« Nach diesen Worten verlor er schlagartig das Bewußtsein.

*Was Gott will, wollen.* Der Gerer litt in seinen jüngeren Jahren große Armut. Seine Frau beklagte sich und flehte ihn an, zum Herrn um Geld zu beten. Der Rabbi weigerte sich und sagte: »Es ist mein Wunsch, den Willen Gottes zu erfüllen, nicht aber, daß Gott *meinen* Willen erfülle.«

*Gottes Gerät sein.* Den Schriftvers: »Und da der Spielmann auf den Saiten spielte, kam die Hand des Herrn auf ihn« (2. Könige 3, 15) deutete der

Große Maggid wie folgt: »Solange der Mensch in Selbsttätigkeit verharrt, ist er außerstande, die Wirkung des Heiligen Geistes in sich aufzunehmen; zu diesem Zweck muß er sich rein leidend, als ein Instrument, verhalten.«

*Der Träger des göttlichen Glanzes.* Der Korezer sprach: »Was es heißt, wirklich im Dienste des Herrn zu stehn? Nichts mehr erstreben und nichts mehr gewinnen wollen, nur hinnehmen, was Gott dir zuteilt: Wär' die Pupille nicht dunkel – wie könnte ihr die Fülle des Lichts zuteil werden?«

*An Gott verloren.* Der Berditschewer sprach: »Der Unterschied zwischen Furcht und Liebe im Dienst des Herrn besteht darin: Wer aus Furcht dient, vergißt nie das eigene Sein, sondern fürchtet sich vor dem, der mächtiger ist als er. Wer dagegen aus Liebe dient, vergißt sich selber, ganz und gar.«

*Das einzige.* Der Ljadyer war einmal in inbrünstiger Andacht versunken, als es aus ihm herausbrach: »Oh, Du mein Herr und Gott! Ich wünsch' mir nicht Dein Paradies; ich wünsch' mir nicht die künftige Welt; nur Dich begehr' ich sehnlichst, Dich allein!«

*Überbelohnt.* Der Kozienicer Maggid sprach: »Gott ist mein Zeuge, daß mich nichts so sehr ergötzt wie ein inbrünstiges Gebet. Diese Freude gewährt mir der Herr als Belohnung für die wenigen guten Taten, die ich vollbringe. Nun ist mir wahrhaft bange, daß ich für mein Leben in der künftigen Welt keinerlei Gegenwert mehr zu bieten habe.«

*Entflammten Herzens.* Der Rushiner sprach: »Ich will euch verdeutlichen, wie notwendig es ist, daß wir dem Herrn voller Wärme dienen. Die Thora* hält uns dazu an, uns in fließendem Wasser zu baden, wenn wir unrein sind, um dadurch zur Läuterung zu gelangen (Levitikus 15, 13). Wenn aber das Wasser gefroren ist – wie könnten wir uns dann darin baden? Ein gefrorenes Herz kann ein unreines Leben nicht läutern.«

*Grade der Hingebung.* Der Lisensker sprach: »Den Schriftvers: ›Noach zeugte drei Söhne, Sem, Ham und Japhet‹ (Genesis 6, 10) können wir allegorisch auslegen: Noach bedeutet ›der Gefallen Erweckende‹, mithin ›der Gute‹; er zeugte drei Söhne – drei Stufen der Vollkommenheit. Sem bedeutet ›der Name‹: Die erste Stufe besteht darin, den heiligen Namen in uns

---

selbst durch das Bereuen all der Sünden zu läutern, die einen Makel auf unserer Heiligkeit hinterlassen. Ham bedeutet ›Wärme‹: Die zweite Stufe besteht darin, unserer Andacht Wärme zu verleihen, indem wir gegen die Wiederkehr unserer früheren Fehler ankämpfen. Japhet bedeutet ›verschönend‹ oder ›vervollkommnend‹; dies ist die dritte Stufe: dem Herrn eine vollkommene Hingebung darzubringen, eine Hingebung, die in uns brennt.

Auch die dreifache Charakterisierung der Engelwesen in Ezechiels Vision vom Thronwagen Gottes* (1, 4 ff.) läßt sich unter demselben Gesichtspunkt allegorisch auslegen: Die unterste Stufe ist die Zuordnung zu den ›Ofannim‹, den Rädern. Wessen Hingebung auf der Furcht vor der Strafe Gottes beruht, der kann seiner selbst nicht sicher sein. Wie ein Rad mag er hinabrollen und der Versuchung erliegen. Jene, die hingebungsvoll sind, weil sie Gott zu lieben beginnen, sind wie die ›Chajjot‹, die lebenden Geschöpfe, die sich vor und zurück, aber nicht hinauf und hinunter bewegen. Die höchste Stufe aber ist die Zuordnung zu den ›Seraphim‹, den zuckenden Feuerfackeln, die unablässig vor Hingebung lodern. Die reine Gottesliebe in ihnen ist unauslöschlich.«

*Die Glut hüten.* Der Bescht sprach: »Die Thora\* gebietet uns: ›Ein ständiges Feuer soll auf dem Altar brennen; es darf nicht verlöschen‹ (Levitikus 6, 6). Unser Herz ist der Altar. Seht zu, daß bei jeglicher Beschäftigung ein Funken des heiligen Feuers in euch verbleibt, auf daß ihr ihn zur Flamme entfachen könnt.«

*Die Gottesliebe (1).* Der Bescht sprach: »Unsere Liebe zu Gott sollte eher der Liebe zwischen Bruder und Schwester oder der zwischen Mutter und Kind gleichen als der zwischen Mann und Weib oder Verliebten. Die ersteren können ihre Liebe sowohl insgeheim wie auch in der Öffentlichkeit zeigen, die letzteren hingegen ausschließlich insgeheim. Laßt uns nicht jenen nacheifern, die sagen, daß man die Liebe zu Gott nur im Bethaus und daheim bekunden, nicht aber auf der Straße oder an öffentlichen Orten zeigen sollte. Halten wir uns lieber daran, was auch das Hohelied uns als Losung übermittelt: ›Ach, wärst du doch mein Bruder, genährt an der Brust meiner Mutter. Träfe ich dich dann draußen, ich würde dich küssen; niemand dürfte mich deshalb verachten‹ (8, 1).«

*Die Gottesliebe (2).* Der Bescht sprach: »Wenn du in irdischer Liebeslust entbrennst, so bedenke, daß die Kraft der Liebe dir dazu gewährt wurde, daß du Gott liebst und nichts Unwürdiges. Dann wird es dir leichtfallen, mit eben jener sinnlichen Liebe, von der dein Herz erfüllt ist, Gott zu dienen. Im Hohenlied lesen wir: ›Wie schön bist du und reizend, du Liebe voller Wonnen!‹ (7, 7). Ohne die von sinnlichen Wonnen erregte Liebesempfindung ist es schwer, wahre Liebe zu Gott zu empfinden.«

*Der entbehrliche Anteil (1).* Der Bescht war einmal so tief zerknirscht, daß er sich des Gedankens nicht erwehren konnte, er habe wohl keinerlei Anteil an der künftigen Welt. »Aber«, sagte er sich unvermittelt, »wenn ich meinen Schöpfer liebe – was kümmert mich da noch eine künftige Welt?«

*Der entbehrliche Anteil (2).* Als die Frau des Großen Maggid ihr hungerndes Kind an den Busen drückte, stieß der Maggid einen rebellischen Seufzer aus. Unverzüglich drang vom Himmel eine donnernde Stimme an sein Ohr: »Du hast deinen Anteil an der künftigen Welt verwirkt.« »Das macht nichts!« sagte der Maggid freudig. »Der Zwang des Lohns ist vorüber; von nun an will ich Gott in Freiheit dienen.«

*Falsche und wahre Lauterkeit.* Der Bescht sprach: »Und wenn du dich nun nie vergangen hast und doch die Wurzel der Sünde in deinem Herzen ist? Du magst kein Ärgernis gegeben haben, weil du nicht durch Umstand noch Gelegenheit dazu verleitet wurdest oder weil die Scham dich daran hinderte. Weißt du wohl, daß Zorn dem Götzendienst gleichkommt und Stolz dem Ehebruch? Weißt du wohl, daß böse Gedanken schlimmer sind als böse Taten, da ja Gedanken es sind, die Taten ins Leben rufen? Gerecht bist du nur, wenn dir das Dich-Anschmiegen an den Herrn größere Freude bereitet als jegliche weltliche Lust.«

# Das Werk der Heiligung

*Was das Kind und der Dieb lehren.* Der Große Maggid soll einmal zu seinem Schüler Rabbi Sussja gesagt haben: »Die zehngliedrige Doktrin der Heilung kann ich dir nicht beibringen, aber du magst dir wohl ihr Wesentlichstes aneignen, wenn du dich zum Lehrling eines Kindes und eines Diebes machst.

Dreierlei mag ein Kind dich lehren:
- vergnügt zu sein und froh ohne besonderen Anlaß;
- keine Sekunde in träger Untätigkeit zu verweilen;
- mit allem Nachdruck zu verlangen, was dir not tut.

Sieben Maximen magst du vom Dieb lernen:
- des Nachts dein Werk zu tun;
- es auszudehnen in die nächste Nacht, wenn es in *einer* nicht gelingt;
- mit deinen Kumpanen im Dienst liebevoll verbunden zu sein;

- für weniges dein Leben aufs Spiel zu setzen;
- deine Beute für so gering zu achten, daß du sie für einen Spottpreis drangibst;
- Prügel einzustecken und Drangsal, ohne dich davon beirren zu lassen;
- dich an deinem Gewerbe zu erfreuen und unverbrüchlich an ihm festzuhalten.«

*Der Dienst nach dem Herzen.* Der Radoschitzer ersuchte einst seinen Zaddik, den Lubliner, ihm den geeignetsten Weg zur Heiligung im Dienste Gottes aufzuzeigen. Der Lubliner entgegnete: »Es ist nicht möglich, den Menschen einen allgemeinen Weg zu weisen; mannigfaltig sind die Wege, Gott zu dienen: Es mag durch das Thora*-Studium geschehn oder durch das Gebet; es mag durch das Fasten geschehn oder durch das Essen. Horche in dich hinein, zu welchem Weg dein Herz dich drängt, und mach ihn zu dem deinen mit aller Kraft.«

*Der Doppeldienst.* Den Schriftvers: »Wenn jemand zwei Weiber hat, eine, die er lieb hat, und eine, die er haßt« (Deuteronomium 21, 15) erläuterte der Miedžybožer wie folgt: »Nicht zwei Weiber, sondern zwei Dienste sind hier erwogen. Lehre und Gebet – das ist der eine, den man lieb hat. Die Befriedigung der elementaren Bedürfnisse des Leibes – das ist der zweite, den man haßt. Aber auch dieser ist Gesetz und Gottes-Dienst. Selbst die mit dem Gelderwerb verbundene Mühsal kann Teil gottgefälligen Dienens sein; ist aber Habsucht ihr Beweggrund, dann gleicht sie der Anbetung des Goldenen Kalbes und dem Zertrümmern der Gesetzestafeln.«

*Die Doppelkindschaft.* Rabbi Schmelke wurde einmal von einem Chassid gefragt: »In der Schrift lesen wir: ›Seid heilig, denn ich, der Herr, euer Gott, bin heilig. Jeder von euch soll Mutter und Vater fürchten‹ (Levitikus 19, 2–3). Wie mag das angehen, daß das Erdenkind, die Wohnstatt der bösen Triebe, ein Attribut des Herrn erlange? Und wie verträgt sich dann das Gebot, Vater und Mutter zu fürchten, das ja ganz ins Diesseits hineingehört, mit der Pflicht zu göttlicher Einigung?«

Der Zaddik erwiderte: »Der Talmud\* lehrt uns, daß drei es sind, die die Menschennatur bilden und durchwalten – Gott und Vater und Mutter. Der Gottesanteil ist heilig; die beiden übrigen sind offen für die Heiligung und Angleichung an den göttlichen Teil. Das ist der Sinn des Gebots: Heilig seid ihr, und trotzdem ist euch die Heiligkeit noch aufgegeben – darum

---

schreckt zurück vor dem, was, von Vater und Mutter stammend, ihr Widerstand leistet, und erliegt ihm nicht; macht euch vielmehr zu seinem Meister und Umgestalter.«

*Die Heiligung des Profanen.* Der Apter sprach: »Der Talmud* verbindet das Gebot, zum Seder-Mahl* nur Mazza (ungesäuertes Brot) zu essen, mit der Auflage, für dessen Teig nur Getreide zu nehmen, das durch Gärung zu Chamez (gesäuertem Brot) werden kann. Aus dieser Tatsache können wir ein wertvolles sittliches Grundprinzip ableiten. Der Mensch kann seine Dienstpflicht gegenüber dem Herrn nur dann voll und ganz erfüllen, wenn er ihm auch im Alltagsleben dient – in seiner beruflichen Arbeit, seiner Nahrungsaufnahme und in der Verwendung seiner Güter. Diese Tätigkeiten lassen sich allesamt auf lästerliche Weise vollziehen: Man kann als Betrüger arbeiten, man kann unreine Speisen essen, man kann sich verbotene Genüsse kaufen. Wenn der Mensch sich folglich auf seine alltäglichen Aktivitäten in gottesfürchtiger Dienstbarkeit einläßt, dann hat er wahrlich eine hohe Pflicht erfüllt. Wer jedoch dem Herrn lediglich durch das Thora*-Studium und durch das Gebet dient, hat seine Pflicht nicht zur Gänze erfüllt, denn diesen Formen geistlichen Dienens fehlt die Möglichkeit zur Verkehrung ins gesetzeswidrige Gegenteil.«

*Elementare Heiligungen.* Ein Chassid, vom Gerer gefragt, ob er irgendeinen charakteristischen Ausspruch des Kozkers mitbekommen habe, antwortete: »Ich hab' ihn sagen hören, er sei immer wieder erstaunt darüber, wieso der Mensch nicht schon allein durch das Verrichten des Tischgebets zur Untadligkeit und Frömmigkeit gelange.« »Meine Sicht ist nicht ganz dieselbe«, sagte der Rabbi. »Ich bin immer wieder erstaunt darüber, wieso der Mensch nicht schon allein durch das Verzehren des Essens zur Untadligkeit und Frömmigkeit gelangt. Was steht doch gleich in der Schrift – ›Der Ochse kennt seinen Besitzer und der Esel die Krippe seines Herrn‹ (Jesaja 1, 3).«

*Gott mit dem Gaumen dienen.* Der Bescht sprach: »Wenn du ißt und dich an der Würze und Köstlichkeit der Speise ergötzt, so sei dir dessen bewußt, daß es der Herr ist, der der Speise ihre Würze und Köstlichkeit verliehen hat. Dann nämlich wird dein Essen wahrlich zum Gottes-Dienst.«

*Schicklich gottlos.* Der Sassower lehrte: »Es gibt keinerlei menschliche Eigenschaft oder Anlage, die nicht ihren besonderen Sinn und Nutzen in sich bärge. Selbst die gemeinsten Züge und die am meisten zu verabscheuenden Unarten streben zuinnerst danach, zum Herrn emporgelenkt und in seinem Dienst gebraucht zu werden. Wie aber steht es mit dem Unglauben? Wahrlich, selbst er kann durch helfendes Handeln emporgeläutert werden! Denn wenn jemand dich aufsucht und um Unterstützung anfleht, so speis ihn nicht ab mit den Worten: ›Vertrau nur auf Gott, dann wird dir Hilfe‹, sondern schreite zur Tat, als gäb’ es keinen Gott und niemanden, der hier helfen könnte, außer dir.«

*Das ungeheiligte Gute.* Der Bescht sprach: »Das Gemüt ist das Fundament des Menschen. Ist das Fundament fest gegründet, dann ist der Bau sicher. Ist demnach das Gemüt eines Menschen von heiligen Gedanken erfüllt, dann werden seine Taten solide sein. Ist sein Gemüt hingegen mit eigensüchtigen Gedanken beschäftigt, dann werden selbst seine guten Taten unsolide sein, weil sie auf einem schwachen Fundament aufbauen.«

*Das geheiligte Hirn.* Der Berditschewer sprach: »In jeglichem Handeln muß der Mensch seinen Leib als das Allerheiligste erachten, als einen Teil der höchsten Macht auf Erden, in dem die Gottheit sich manifestiert. Beherzigt er dies, so wird er den bösen Trieb abwehren. Das Gehirn des Menschen gleicht der Bundeslade und den zwei Gesetzestafeln der Stiftshütte\*. Es ist der edelste Teil des Menschen. Jeder, der unheilige Gedanken denkt, stellt ein Götzenbild ins Allerheiligste. Wann immer der Mensch zur Verrichtung einer Tätigkeit seine Hände hebt, möge er sie als die Boten Gottes betrachten.«

*Die sakrale Zunge.* Der Bescht lehrte: »Wenn du sprichst, dann denke immer daran, daß deine Sprechfähigkeit von deiner Seele herrührt, die ein Teil Gottes ist. Wenn du hörst, dann denke immer daran, daß deine Hörfähigkeit gleichfalls aus deiner Seele kommt. Auf diese Weise wirst du imstande sein, deine Seele mit der Schechina\* zu vereinigen. Denke außerdem immer daran, daß deine gewöhnlichen Worte sich aus den Buchstaben desselben Alphabets zusammensetzen wie deine geheiligten Worte. Darum liegt Heiligkeit auch in den ersteren. Trag sie empor zu ihrer Quelle.«

*Die drei Seelenstufen\**. Der Korezer lehrte: »Der Mensch wird innerlich von einer Triebseele, einer Geistseele und einem Seelenodem durchwirkt, die, gemäß der genannten Reihenfolge, im Rang steigen. Beim Sabbatmahl ist das Essen die Triebseele, das Singen der Hymnen die Geistseele und das Thora-Sagen\* der Seelenodem. Die Triebseele der Kinder Israel ist Abraham, Moses ihre Geistseele und der Messias ihr Seelenodem. Im überlieferten Religionsgesetz ist die Thora\* die Triebseele, die Mischna\* die Geistseele und der Talmud\* der Seelenodem. Bei dem, der das religiöse Schrifttum studiert, sind die Worte die Triebseele, die richtige Einstellung ist die Geistseele und die Heiligkeit seines Studiums der Seelenodem.«

*Das Leitersein.* Der Kobryner legte aus: »Die Schrift sagt uns: ›Und ihm träumte, und siehe, eine Leiter stand auf der Erde‹ (Genesis 28, 12). Jeder einzelne von uns Sterblichen ist diese Leiter. Jeder Mensch sei sich dessen bewußt: Aus Lehm gemacht bin ich, eine Scherbe von den abertausend tönernen Scherben, doch ›die rührt mit der Spitze an den Himmel‹, bis an den Himmel rührt mein geistiges Sein, ›und siehe, die Engel Gottes steigen dran auf und nieder‹ –

selbst das Auf- und Niedersteigen der Engel ist verknüpft mit meinen Werken.«

*Den Engeln über (1).* Rabbi Sussja wurde einst von einem Chassid gefragt: »Von der Bewirtung der drei Engel durch Abraham berichtet die Schrift: ›Dann nahm Abraham Butter, Milch und das Kalb, das er hatte zubereiten lassen, und setzte es ihnen vor. Er stand über ihnen unter dem Baum, während sie aßen‹ (Genesis 18, 8). Der Mensch steht hier also über den Engeln – mutet das nicht recht merkwürdig an?« Der Zaddik erwiderte: »Wenn der Mensch das Essen zu einer feierlichen Handlung macht, befreit er die heiligen Funken*, die in die Nahrung eingeschlossen sind. Ein solches Werk der Heiligung ist aber den Engeln fremd – außer der Mensch unterweist sie darin. Abraham senkte die Feier des Speisens auf die Engel herab – deshalb wird von ihm gesagt: ›Er stand über ihnen.‹«

*Den Engeln über (2).* Den Schriftvers, der von der Bewirtung der Engel durch Abraham berichtet: »Er stand über ihnen unter dem Baum, während sie aßen« (Genesis 18, 8) erläuterte der Jehudi so: »Was soll uns hier eigentlich mitgeteilt werden? Es ist doch durchaus unüblich, daß man, wenn man nicht am Mahl seines Gastes teilnimmt, über diesem steht, während er ißt. Aber was hier in Wahrheit ausgesagt wird, ist folgendes: Den Engeln und ebenso den Menschen kommt sowohl Vorteil wie Nachteil zu. Der Vorteil der Engel besteht darin, daß sie nicht zugrunde gehen können; ihr Nachteil besteht darin, daß sie sich nicht emporheben können. Der Nachteil des Menschen besteht darin, daß er zugrunde gehen kann; sein Vorteil besteht darin, daß er sich emporheben kann. Nun nimmt aber ein Mensch, der die Pflichten des Gastgebers hingebungsvoll erfüllt, die vorteilhaften Eigenschaften seiner Gäste an. Demgemäß nahm Abraham den Engelvorteil an, nicht zugrunde gehen zu können. Und da traf es dann zu: Er stand über ihnen.«

*Die innewohnende Göttlichkeit des Handelns.* Der Korezer lehrte: »Jeglicher Akt und jegliche Äußerung bergen jeweils alle zehn Sefirot* in sich; von diesen nämlich ist die Gesamtheit des Geschaffenen erfüllt. Die Menschen täuschen sich, wenn sie Barmherzigkeit* und Gericht* als voneinander losgelöst existierende, abstrakte Grundkräfte auffassen. Vielmehr sind in allem und jedem die zehn göttlichen Manifestationen zugleich zugegen. Wenn folglich ein und

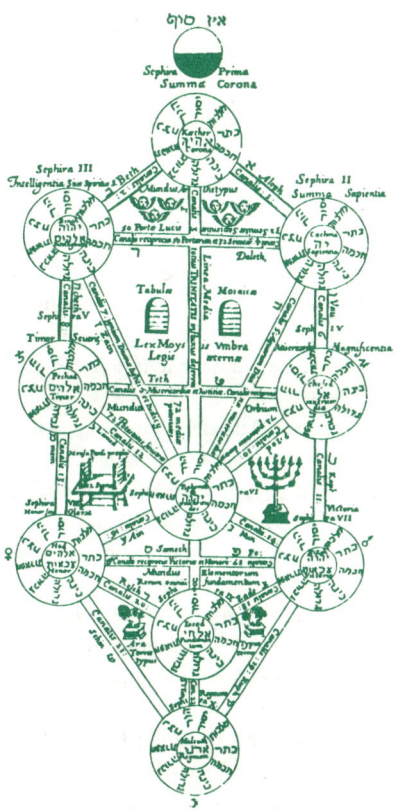

*Das Zusammenspiel der zehn Sefirot**
Sefirot-Baum aus dem 17. Jh.

derselbe Mensch die Hand herabsenkt, so ist die Senkung beseelt vom Mysterium des aus dem Urquell herabströmenden Lichts; und wenn er sie hebt, so ist die Erhebung beseelt vom Mysterium des aus der Finsternis emporsteigenden Lichts. Und die beiden Bewegungen zusammengenommen umgreifen das Mysterium von Barmherzigkeit und Gericht. Keinerlei Akt und keinerlei Äußerung gibt es, die ihrer ureigensten Beschaffenheit nach nichtswürdig wären. Freilich lassen sie sich ins Nichtswürdige verkehren, sobald sie einer nichtswürdig tut.«

*Der Erneuerer.* Aus dem Umkreis von Rabbi Sussja sind die folgenden Worte überliefert: »Denkt nicht gering vom Schlaf – auch er hat Sinn und Ziel. Der Zaddik, der in hingebungsvoller Verrichtung seines Dienstes aber und abermals die Vielfalt des Heiligen und die Vielfalt des Seins durchmessen will, muß vorher aber und abermals sein ganzes Lebenswerk abstreifen, daß ein neuer Geist ihn erfülle und ihm so eine neue Erleuchtung aufdämmere. Dies aber vollzieht sich im Schlaf. Ja – auch der hat sein Mysterium, auch der obliegt seinem Dienst.«

# Die Einswerdung

*Sich in Gott versenken.* Den Spruch des Talmud\*-Meisters Akiba\*, der Herr sei das Tauchbad\* der Kinder Israel, kommentierte der Kozker so: »Seele und Geist erstarken beim Tauchbad nur dann, wenn man vom Zeh bis zum Scheitel eintaucht und kein Härchen mehr heraussteht. Dergestalt tauche man ein in den Herrn.«

*Der Ort (1).* Der Korezer wurde gefragt: »Weshalb wird Gott als Ort bezeichnet? Er ist doch der Ort der Welt und nicht der Ort im allgemeinen. Ist die Bezeichnung ›Ort‹ da nicht irreführend?« Der Rabbi erwiderte: »Der Mensch begebe sich in Gott hinein, damit dieser zu seiner Umgebung werde. Wer Fuß faßt im Herrn, hat seinen Ort in Ihm.«

*Der Ort (2).* Rabbi Bunam leitete seine Worte der Lehre folgendermaßen ein: »Dank sei Dir,

Du Ursprung der Gnaden und Gnadenerfüllter, für Dein Offenbarsein und Dein Verborgensein.« Dem fügte er hinzu: »Der inständig Gläubige kann nicht umhin, den Schöpfergott zu spüren, wie er den Ort spürt, dem sein eigener Fuß aufruht. Und nicht anders, als er den ihn umgebenden Ort weiß, wann immer er *sich* weiß, werde er kindlich klar des Orts der Welt gewahr: seines Offenbarseins als der Ort, der sie umfängt; und seines Verborgenseins als das heilige Leben, das in ihr beschlossen liegt.«

*Die Heimstatt.* »Wo ist wohl Gott zu Haus?« wollte der Kozker von einigen klugen Köpfen wissen, die bei ihm auf Besuch weilten. Befremdet und belustigt erklärten sie ihm, daß Gottes Schechina\* doch allerorts zugegen sei. »Gott«, sprach aber unbeirrt der Kozker, »ist dort zu Haus, wo man Ihn aufnimmt.«

*Die Niederlassung der Schechina.* Die beiden Psalmverse: »Ich will nicht Schlaf den Augen gönnen, noch Schlummer den Lidern, bis ich eine Stätte finde für den Herrn, eine Wohnung für den starken Gott Jakobs« (132, 4–5) erläuterte der Miedžybožer mit der Umschreibung: »Nicht ruhen will ich, bis ich in mir eine Stätte für Gott errichtet habe; bis ich selbst bereit und würdig bin für die Wohnungsnahme der Schechina\* in meinem Sein.«

*Sich himmelwärts denken.* Der Bescht sprach zu seinen Schülern: »Wer sich engstens an die Schechina\* anschmiegt und in diesem Zustand der höheren Welt nachsinnt, der wird auch sogleich in die höheren Welten entrückt, denn wo einer hinsinnt, dort weilt er, und weilte er nicht in der höheren Welt, so könnte sein Sinnen nicht bis an sie heranreichen.«

*In eins gespiegelt.* Der Miedžybožer sprach: »So wie einer im Innersten von Gott denkt, so denkt auch Gott von ihm.«

*Sich unvermengt verbinden.* Der Bescht sprach: »Will man ein Teil aus Silber an ein silbernes Gefäß löten, so muß man die Kontaktfläche des Teils säubern, damit keine fremde Substanz dazwischengerät. Gleicherweise muß der, der sich dem Herrn anschmiegen will, sich vorher von jeglichem fremden Gedanken reinigen.«

*Von oben zugedacht.* Der Bescht sprach: »Wenn die Gedanken eines Menschen ganz auf Gott ausgerichtet sind und plötzlich mitten unter ihnen ein anderer Gedanke vordrängt:

Wahrlich, dann ist dies eine winzige Eingebung des Himmels. Handelt danach!«

*Wenn der Geist in Gott versenkt ist (1).* Der Bescht soll einmal zu seinem Leib gesagt haben: »Du machst mich staunen, Leib, daß du noch immer da bist und nicht zerschmolzen in Furcht vor dem, der dich geschaffen.«

*Wenn der Geist in Gott versenkt ist (2).* Rabbi Sussja hielt einmal seine Hand ins Feuer. Als sie, gebrannt und versengt, unwillkürlich zurückfuhr, war er baß erstaunt und sagte: »Was für ein grober Tölpel muß Sussjas Leib sein, daß er Angst hat vor dem Feuer.«

*Wenn der Geist in Gott versenkt ist (3).* Der Worker sprach: »Woran man den wahrhaft chassidischen Juden erkennt? Drei Züge sind ihm eigen: Hingekniet ragt er, stumm schreit er, und reglos tanzt er.«

*Zehnfältig eins mit Gott.* Der Zloczower Maggid wurde von einem Chassid gefragt: »Unsere weisen Väter fordern, man solle sich den Attributen des Herrn anschmiegen. Wie ist das eigentlich gemeint?«

Der Maggid antwortete: »In zehn Attributen

*»Voll und ganz dem Weltenschöpfer angeschmiegt«*
Der Mensch als Mikrokosmos, Holzschnitt, 17. Jh.

tritt Gott sich manifestierend aus der Verborgenheit ins Sein. Diese zehn Sefirot\* sind paarweise einander zugeordnet, wie Farbe zu Farbe, in Spiegelung und Wechselwirkung, in Spannung und Ausgleich, in fließender Entgegensetzung und Durchdringung. Sie schließen sich zusammen zum lebendigen Gefüge einer vollkommenen göttlich-geistigen Einheit. Die Aufgabe des Menschen besteht darin, diese zehn manifestierten Attribute auch auf der Stufe seiner irdisch greifbaren Existenz zur lebendigen Ganzheit zu verbinden. Freilich – der eine tut sich schwer mit der Barmherzigkeit\*, weil die Macht\* sein grundlegender Wesenszug ist; der andere wieder tut sich schwer mit der Macht, weil die Barmherzigkeit sein grundlegender Wesenszug ist. Schmiegt aber einer die ihm innewohnende Macht ihrem Ursprung, das heißt der Macht des Herrn, an und verfährt gleicherweise auch mit seinen übrigen Grundzügen, dann schießen in ihm die zehn Sefirot\* zur Einheit zusammen, und er wird zum Träger ihres Einsseins, ist er doch voll und ganz dem Weltenschöpfer angeschmiegt. Zum Wachs hat er sich umgestaltet, das sowohl der Prägung durch das machtvolle Gericht\* als auch durch die barmherzige Gnade\* offensteht.«

*Die Heimfahrt des Menschen.* Auf seinen Reisen durch russisches Gebiet rekapitulierte der Karliner gern und häufig die jeweiligen Wegstrecken, und zwar stets mit der Bemerkung: »Das sind die Wegstrecken, die die Israeliten bei ihrem Auszug aus Ägypten zurücklegten« (Numeri 33, 1). Nach dem Sinn dieser Äußerung befragt, antwortete er: »Der Satz des Herrn: ›Laßt uns Menschen machen!‹ (Genesis 1, 26) besagt, gemäß seiner Auslegung im Buch des Glanzes*, daß Gott sich mit dem ›Laßt uns‹ an sämtliche Welten wandte und jeder von ihnen, beginnend mit der obersten bis hinab zur untersten, einen Bestandteil entnahm, um aus der Gesamtheit der Teile den Menschen zu machen. Und dies ist die innere Bestimmung der Wegstrecken, die der Mensch während seines Erdenlebens zurücklegt: Seinen Weg soll er, die Stufen des Seienden durchschreitend, emporgehen, auf daß er sie am Ende in der obersten Welt zur völligen Einheit verschmelze. Und so ist auch der Schriftvers zu verstehen: ›Das sind ihre Wegstrecken, bei ihrem Auszug‹ – die Wegstrecken des Menschen sollen zurückführen zum Ort seiner Herkunft.«

# Beter und Gebet

*Das Gebet davor.* Der Zanser wurde von einem Chassid gefragt: »Was tut der Rabbi vor dem Beten?« »Ich bete«, lautete die Antwort, »daß ich imstande sein möge, richtig zu beten.«

*Ein einziges Wort.* Der Kobryner sagte: »Wenn ich wüßte, daß ich ein einziges ›Amen‹ so gesprochen habe, wie es sich geziemt, dann wär' ich vollauf zufrieden.«

*Die Vermengung.* Der Bescht sprach: »Wer ausschließlich um materielle Vorteile betet, dessen Bittgebet ist vergeblich. Es bildet einen materiellen Schleier zwischen Gott und dem Beter, weil dieser die Materie in den Bereich des Geistes gebracht hat. Er erhält keinerlei Antwort.«

*Zu schwere Pietät.* Der Bescht wollte einst eine Synagoge betreten, blieb jedoch unvermittelt vor dem Eingang stehen und rief: »Was sollt' ich wohl da drinnen? Das Haus ist randvoll mit Lehre und Gebet! Da ist für unsereins kein Platz mehr frei.« »Heißt das etwa«, fragten seine Schüler, »daß Ihr Bedenken habt, eine so heilige Stätte zu betreten?« »Was die Lehrer lehren und die Beter beten«, sagte der Bescht, »strebt, so es aus himmelwärts gewandtem Gemüt strömt, in die oberen Gefilde empor; es verweilt nicht länger an irdischem Ort und erfüllt ihn nicht. Da drinnen aber staut sich das gesprochene Wort von den Bänken und Fliesen bis unters Gewölb.«

*Die Beleidigung.* Rabbi Elieser von Tarnigrad sprach: »Wer beim Beten seine Gedanken von Gott abschweifen läßt, gleicht dem, der ein Festessen für den König vorbereitet und dann das Haus verläßt.«

*Woanders.* Der Berditschewer trat einmal, nachdem er mit der versammelten Gemeinde die Tefillah* verrichtet hatte, auf eine Gruppe seiner Chassidim zu und begrüßte sie mit den Worten: »Der Friede sei mit euch.« Sie waren baß erstaunt über diese förmliche Anrede, waren sie doch keine Gäste und auch nicht länger verreist gewesen. Der Rabbi bemerkte nur zu deutlich ihre Verwirrung und sagte: »Ihr findet meinen

Gruß sonderbar? Aber ich konnte euch eben, während des Gebets, ansehen, daß ihr nicht bei der Sache, sondern weit weg wart – du etwa auf dem Kornmarkt in Odessa und du auf dem Wollmarkt in Lodz. Nun – hinterher seid ihr dann wieder zurückgekehrt, und dementsprechend hab' ich euch willkommen geheißen.«

*Mit dem falschen Organ.* Ein Chassid beklagte sich bei Rabbi Bunam, daß er nach dem Beten häufig von starken Kopfschmerzen geplagt werde. »Was hat Gottesverehrung mit dem Kopf zu tun!« rief der Rabbi aus. »Gottesverehrung ist ein Dienst, der aus dem Herzen kommt, und keine Kopfarbeit.«

*Das Erquickende.* Der Jehudi behauptete: »Wenn einer sich nach dem Beten erschöpft fühlt, so ist dies ein Zeichen, daß seine Andacht unzulänglich war – lesen wir doch bei Jesaja: ›Die aber, die dem Herrn vertrauen, schöpfen neue Kraft‹ (40, 31).«

*Reiner brennen.* Der Korezer sprach: »Gold und Silber werden mit Feuer geläutert. Wenn du nach deinem Gebet keine Besserung verspürst, bist du entweder aus unedlem Metall, oder dein Beten war kalt.«

*Andacht und Armut (1).* Man befragte den Bescht, weshalb die Frommen ärmer seien als die Gottlosen. Er gab zur Antwort: »Ein König wollte seinen Getreuen eine Freude machen und verkündete, daß jedem sein besonderer Wunsch erfüllt werden würde. Etliche baten um Ehren; andere baten um Besitz. Doch *einer* sagte: ›Mein Wunsch ist es, dreimal am Tage mit dem König zu sprechen.‹ Dreimal täglich mit Gott Umgang zu pflegen – dies ziehen wir Gottesfürchtigen allen Ehren und Reichtümern vor, und der Herr erfüllt uns unseren Wunsch.«

*Andacht und Armut (2).* Der Kossower war einmal im Haus seines Schwagers zu Gast und bemerkte, daß alle Leute, die diesen aufsuchten, arm waren. »Sag mir, Schwager«, wollte er vom Strelisker wissen, »warum sind deine Anhänger nicht mit Reichtum gesegnet?« »Sie haben kein Verlangen nach Reichtum«, erwiderte dieser.

Als die beiden Zaddikim zusammen am Mittagstisch saßen, wandte der Strelisker sich an einen Chassid und sagte zu ihm: »Ezechiel, jetzt, da ich einmal mit meinem Schwager beisammensitze, hast du die passende Gelegenheit, deine Herzenswünsche vorzubringen. Ich versichere dir, daß jeder einzelne erfüllt werden wird.« Voll scheuer Inbrunst erwiderte der

Chassid: »Dann bitte ich den Rabbi, daß er mich dazu befähigt, das Gebet ›Gepriesen seist Du, auf dessen Wort hin die Welt erschien‹ mit der gleichen Hingebung zu sprechen wie er selbst.«

*Die Andacht retten.* Der Bescht sprach: »Amüsiert euch nicht über die Bewegungen eines Menschen, der voll Inbrunst betet. Er macht diese Bewegungen, um sich vor den fremden Gedanken zu schützen, die auf ihn eindringen und sein Gebet zu verschlingen drohen. Würdet ihr euch über einen vom Ertrinken Bedrohten amüsieren, weil er im Wasser Bewegungen macht, um nicht unterzugehen?«

*Das Fremde anverwandeln (1).* Die Schüler des Bescht erhielten Kunde über einen Mann, der als wahrhaft Weiser galt. Etliche von ihnen hätten den Mann gern an seinem Wohnort besucht, um aus seiner Lehre Nutzen zu ziehen. Der Meister gestattete es ihnen. Da wollten sie noch wissen: »Wie können wir erkennen, ob er ein echter Glaubensführer ist?« »Ersucht ihn um Rat«, sagte der Bescht, »was denn zu tun sei, daß euch beim Studium und Gebet keine fremden Gedanken mehr behelligen. Erteilt er euch einen Rat, dann hat er sich samt seiner Weisheit als eitel und belanglos entlarvt. Denn der

Mensch ist auf Erden bis zur Stunde seines Todes gebunden, immer wieder von neuem den Kampf mit dem Fremden auszutragen und es immer wieder von neuem einzugliedern in den eigenen Aufstieg der Seele.«

*Das Fremde anverwandeln (2).* Der Bescht wurde gefragt: »Wenn sich einer beim Beten nicht auf den Sinn der Worte konzentriert, weil fremde Gedanken ihn ablenken – soll er dann das ganze Gebet nochmals sprechen?« Der Meister antwortete: »Da ja auch fremde Gedanken einen Funken* von Gottes Heiligkeit bergen, ist es unangemessen, daß ein Gottesdiener sein Gebet hörbar wiederholt. Damit würde er die Heiligkeit seines ersten Gebetsansatzes verletzen. Vielmehr soll er ebendas, was ihn von seinen Worten ablenkt, in seine sinnende Andacht emporheben und dadurch die Heiligkeit des Gebets vollenden.«

*Wind und Glut.* Der Lubliner fragte den Jehudi: »Warum betet Ihr so schnell?« Der Jehudi antwortete: »Ich liebe die Worte der Gebete; drum verschluck' ich sie rasch.« »Aber ich«, entgegnete der Lubliner, »hab' doch auch meine Freude an den Gebeten, und doch sprech' ich die Worte langsam aus.« »Eure Worte«, rief der

Jehudi, »sind wie loderndes Feuer, drum müßt Ihr sie erst abkühlen lassen!«

*Auf dem Altar verbrannt.* Rabbi Feibusch von Hobnow war in seinen jüngeren Jahren ein Schüler des Ropschitzers. In inbrünstiger Hingebung diente er dem Herrn. Die mitternächtliche Klage um Jerusalem betete er allnächtlich, als vollzöge sich der Untergang hier und jetzt vor seinen Augen, und namenloses Leid ergriff ihn jedesmal.

Einst führte der Ropschitzer zu vorgerückter Stunde einige seiner Anhänger in sein Lehrhaus, wo sie Rabbi Feibusch schlafend vorfanden. »Gebt acht«, sagte der Zaddik zu ihnen, »gleich werdet ihr sehen, wie der Vers des Jeremia gemeint ist: ›Stehe des Nachts auf und schrei‹ (Klagelieder 2, 19).« Nicht lange mußten sie warten – als Schlag zwölf um Mitternacht der Schlummernde auffuhr, an seinem Kragen zerrte und schrie: »Weh Mutter! Ich brenne!«

In späteren Jahren schloß sich Rabbi Feibusch dem Apter an – sehr zum Bedauern des Ropschitzers. Der sagte zu seinen Schülern: »Feibusch verzehrt sich im Feuer seiner Inbrunst. Ich hab' mich ernstlich bemüht, ihn ein wenig abzukühlen. Der Apter jedoch ist selber feurig und wird den innerlichen Brand nur noch stärker schüren.« Bald darauf stürzte Rabbi Feibusch beim Sprechen des Gebets: »Die Seele der lebenden Wesen, sie benedeie Deine Herrlichkeit« bleich wie Asche und entseelt auf den Bethausboden.

*In allen Gliedern.* Der Zanser war in jungen Jahren ein Schüler des Ropschitzers. Beim Beten war er stets voll leidenschaftlicher Hingebung und stampfte dazu ekstatisch mit beiden Füßen, von denen allerdings einer gelähmt war. Einmal sah die Frau des Ropschitzers zufällig mit an, wie er betete. Da lief sie zu ihrem Mann und sagte: »Warum rätst du dem armen Jungen nicht, nur mit seinem gesunden und nicht mit dem gelähmten Fuß aufzustampfen?« Der Ropschitzer entgegnete: »Das hätt' ich schon längst getan – wenn ich mir sicher sein könnte, daß er beim Beten weiß, welchen Fuß er gerade bewegt.«

*Mit der Flut eins.* Der Lentschnoer wurde einmal von seinem kleinen Sohn, der dem Worker beim Beten zugeschaut hatte, gefragt, wie der Rabbi es eigentlich zustande brächte, so ohne jede sichtbare Erregung und ekstatische Bewegung zu beten. »Ein schlechter Schwimmer«, antwortete der Lentschnoer, »macht im Wasser notgedrungen wilde Manöver, um nicht unterzugehen; wer hingegen im Wasser wie zu Hause ist, der breitet sich über die Wogen und ruht auf ihnen.«

*Abgeschieden im Gebet (1).* Der Bescht sprach: »Darin bezeugt sich die wahre Anbetung: Wie ein Wunder muß es dem Beter vorkommen, daß seine Seele nicht von ihm abgeschieden ist, nachdem sie so eng mit ihrem Schöpfer verbunden war.«

*Abgeschieden im Gebet (2).* Der Korezer wurde einmal gefragt, weshalb seine Stimme beim Beten kaum vernehmbar sei und sich seine innere Bewegtheit durch keinerlei Gesten kundtue. Er erwiderte: »Das eigentliche Beten besteht im Sichanschmiegen an den Schöpfer des Alls, und dies setzt wiederum das Abstreifen der Körperlichkeit voraus; letzteres ist mit der Lostrennung der Seele vom Leibe völlig gleichzusetzen. Nun sagt uns der Talmud*, daß die Seele bei manchen Menschen den Leib nur nach qualvollen Kämpfen und Zuckungen verlasse. Bei anderen hingegen scheide sie so leise und sacht, wie man ein Haar aus der Milch zieht oder den Mund zum Küssen reicht; und diese Art des Ersterbens bestimmt auch mein Gebet.«

---

*Ins Wort eingehen.* Vom Lechowitzer ist durch einen seiner Schüler, den Kobryner, folgende Grundregel des richtigen Betens überliefert: »Wenn einer ›Herr‹ spricht und dabei daran denkt, auch noch ›der Welt‹ hinzuzufügen, dann spricht er nicht eigentlich. Vielmehr richte er sich beim Sprechen des Wortes ›Herr‹ einzig und allein darauf aus, das ganze eigne Sein dem Herrn darzubringen – gleichgültig, ob ihn auf diesem Wege seine Seele verläßt, um sich im Herrn zu verlieren, und er ›der Welt‹ nicht mehr äußern kann. ›Herr‹ hat er zu sagen vermocht, und das sollte ihm reichen.«

*Platz genug.* Der Kobryner gebot: »Richtest du ein Wort an Gott, so begib dich mit Haut und Haaren in es hinein.« Einer der anwesenden Chassidim verwunderte sich: »Wie soll ein ausgewachsener Mensch es fertigbringen, in das kleine Wort zu gelangen?« »Wenn einer von sich glaubt, größer zu sein als das Wort, dann ist er hier nicht gemeint«, erwiderte der Rabbi.

*Fühllos vertieft.* Der Jehudi sagte: »Wollt ihr wissen, was wirkliche Andacht beim Beten ist? Wenn ihr so versunken seid, daß ihr einen Messerstich in euren Leib nicht spürt, dann bringt ihr euer Gebet richtig dar.«

*Der Wurzelgrund.* Der Bescht sprach: »Hab' ich mein Gemüt Gott angeschmiegt, dann mag die Zunge sprechen, was ihr beliebt – ist doch jedes Wort seinem himmlischen Ursprung verhaftet.«

*Innerlich rufen (1).* Der Bescht sprach: »Wenn wir beten oder Hymnen singen, dann sollten wir dies möglichst mit leiser Stimme, aber unter Anspannung aller inneren Kraft tun. Dasselbe gilt auch für das Thora*-Studium. Jeder Schrei zum Herrn, der aus einem Herzen kommt, das mit Ihm eins ist, sollte lautlos sein – ›Ihr Herz schrie zum Herrn‹ (Klagelieder 2, 18), so lesen wir, und das Herz läßt nichts verlauten.«

*Innerlich rufen (2).* Zum Schriftvers: »Gott hörte den Knaben schreien« (Genesis 21, 17) merkte Rabbi Mendel von Worki an: »Es wird aber vorher nichts davon berichtet, daß Ismael einen einzigen Laut ausgestoßen hätte. Stumm muß der Schrei gewesen sein, den Gott da vernahm.«

*Innere und geäußerte Inbrunst.* Die Sentenz der weisen Väter, daß der mit ›Amen‹ Antwortende den Segenssprecher nicht übertönen solle, deutete Rabbi Sussja so: »Den Segen sagt die Seele, und mit ›Amen‹ antwortet der Leib. Und der soll sich nicht dazu versteigen, feuriger zu sprechen, als dies zuvor die Seele tat.«

*Stille und Gebetsgestein.* Der Rushiner zitierte aus der Schrift: »Du sollst mir einen Altar aus Erde errichten ... Wenn du mir einen Altar aus Steinen errichtest, so sollst du ihn nicht aus behauenen Quadern bauen. Du entweihst ihn, wenn du mit einem Meißel daran arbeitest« (Exodus 20, 24–25). Er deutete die Stelle so: »Der Altar aus Erde, das ist der Altar des Schweigens; an dem hat Gott mehr Wohlgefallen als an irgend etwas sonst. Wenn du aber einen Altar aus Worten errichtest, dann müssen diese unbehauen sein, denn mit gemeißelter Rede entweihst du ihn.«

*Urtümlich beten (1).* Rabbi Hirsch von Rymanow beklagte sich einst bei seinem Lehrer, Rabbi Menachem Mendel, dem Rymanower, daß ihm beim Beten ständig glutumflossene Schriftzeichen und Wortgebilde vor Augen schwebten. »Ich weiß wirklich nicht, was du hast«, antwortete der Rymanower, »das sind doch ganz offenkundig die geheimen Ausrichtungen* des Ari*, des großen Ahnherrn seligen Andenkens!« »Aber mein Gebet«, erwiderte Rabbi Hirsch, »soll nur eine einzige Ausrichtung haben – die auf den reinen Sinn des darin Gesagten. *So* möcht' ich beten.« »Kein sehr bescheidener Wunsch«, erwiderte der Rymanower, »beten zu wollen, wie ein unwissendes Kindchen, nachdem man sich die reichste mystische Gelehrsamkeit angeeignet hat. Zu solcher Höhe steigt in jeder Generation nur *einer* auf.«

*Urtümlich beten (2).* Der Rymanower sprach: »Wenn der arme, unwissende Dorfhausierer kurz vor Einbruch der Dunkelheit in die Stadt zurückkommt und, ohne auf Müdigkeit und Hunger zu achten, in aller Eile das Bethaus aufsucht, um die Nachmittags- und Abendgebete zu sprechen, dann erbeben die Ordnungen der Engel vor seinem Dienst, denn der spaltet fürwahr die Firmamente.«

*Die Bahnung.* Der Bescht sprach: »Gottes Überfluß erfüllt allezeit die Welt, weil es über uns keinerlei Zeit gibt; und ständig sucht er eine Bahn, durch die er zu den Menschen herniedersteigen kann. Wenn wir im Beten oder Lernen unsere Worte ganz auf Gott ausrichten, dann gehen sie ein in seinen Überfluß und bilden die Bahn, durch die dieser auf die Welt herniedersteigt.«

*Die Vereinigung.* Die Inbrunst des Betens erläuterte der Bescht einmal durch einen gewagten Vergleich: »In der Andacht paart sich der Mensch mit der Schechina\*, und so wie die Paarung mit dem Hin- und Herschaukeln beginnt, so soll der Mensch auch bei der Andacht zuerst hin- und herschaukeln, um alsdann in gestillter Reglosigkeit dazustehn – aufs innigste an die Schechina angeschmiegt.«

*Gottes Stimme (1).* Der Bescht lehrte: »Wenn einer die Tefillah\* zu beten beginnt und den Eingangsvers spricht: ›O Herr, öffne mir die Lippen!‹, dann geht augenblicklich die Schechina\* in seine Stimme ein und spricht mit seiner Stimme. Denkt daran, und ihr werdet nichts zu fürchten haben.«

*Gottes Stimme (2).* Der Korezer sprach: »Die Schrift sagt uns: ›Erhebe deine Stimme wie eine Posaune‹ (Jesaja 58, 1). Wie die Posaune, ohne daß einer sie bläst, keinerlei Ton hervorbringt, kann auch keiner seine Stimme zum Gebet erheben, ohne daß die Schechina\* durch sie betet.«

*Gottes Stimme (3).* »Er sprach: Ich vergebe.« Bis zu dieser Stelle war der Berditschewer einmal beim inbrünstigen Aufsagen des Versöhnungsgebets gekommen, als er jäh innehielt und stammelnd ausrief: »O Gott und Herr, die Kraft, ›Er sprach‹ zu sagen, wo nähmen wir die noch her? So zeug Du für Dich selber, und sag *Du* es: ›Ich vergebe!‹«

*Sprachrohr sein (1).* Der Bescht sprach: »Der wahre Gottesdiener ist der, der in all seinen Bittgebeten die Schechina* enthüllt. Als ihr Sendbote handelt er, wenn er Gedanken in Worte bringt.«

*Sprachrohr sein (2).* Den Schriftvers: »Wenn ihr dem Herrn, eurem Gott, dient, wird Er dein Brot und dein Wasser segnen« (Exodus 23, 25) kommentierte der Kozker wie folgt: »Warum, so läßt sich fragen, beginnt der Vers im Plural und endet dann im Singular? Darauf wäre zu antworten, daß des Menschen Dienst das Gebet ist. Im Gebet verschmelze ein jeder mit allen Kindern Israel. So vollzieht sich noch der einsamste Gottes-Dienst in der Gemeinschaft der Betenden. Die Nahrung aber verzehrt jeder, und sei er auch in Gesellschaft, als Einzelperson, allein.«

*Der Gebete-Dienst.* Durch mißliche Umstände wurde ein Chassid, der nach Miedžybož unterwegs war, um dort Jom-Kippur* in Anwesenheit seines Zaddiks, des Bescht, zu feiern, auf seiner Fahrt so aufgehalten, daß er sich bei Einbruch der Nacht noch in beträchtlicher Entfernung von der Stadt befand und die Gebete hier draußen, auf offenem Felde und allein, sprechen mußte, was ihn sehr betrübte. Als er endlich in Miedžybož eintraf, waren die Festlichkeiten längst vorüber; aber der Bescht begrüßte ihn überaus erfreut und herzlich. »All die Gebete«, sagte er, »die da unbeweglich auf dem Felde ruhten – mit deinem Beten hast du sie hinaufbefördert zu ihrer göttlichen Wurzel.«

*Auf Erden oben wirken.* Der Bescht lehrte: »Der Mensch wirkt durch sein Beten und sein Studium auf alle Welten ein, und selbst die Engel nähren sich von seinen Gebeten; denn der Mensch ist eine Leiter, die auf der Erde steht und mit der Spitze an den Himmel rührt, so daß alle seine Gebärden, all sein Tun und Reden, droben eine Spur zurücklassen.«

*Gottheit Gebet.* Den Schriftvers: »Er ist dein Lobgesang, er ist dein Gott« (Deuteronomium 10, 21) erläuterte der Korezer wie folgt: »Er ist dein Lobgesang, und ebendieser ist dein Gott. Das vom Menschen verrichtete Gebet ist selber Setzung göttlicher Wesenheit. Wendest du dich bittend an einen Mitmenschen, so sind dein Ersuchen und er offenkundig voneinander unterschieden – ganz im Gegensatz zum Gebet, das die Worte und den, an den sie gerichtet sind, ineinander aufgehen läßt. Wer als Betender sich einbildet, daß sein Gebet etwas anderes sei als Gott, dem ergeht es wie dem Bittenden, der auf Geheiß des Königs das Gewünschte erhält. Wer jedoch mit der Gewißheit betet, daß sein Gebet selbst göttliche Wesenheit ist, genießt gleichsam das Vorrecht des Königssohns: Er nimmt sich vom Königsschatz, was immer der eigene Wunsch ihm eingibt.«

*Das auferstehende Gebet.* Der Vers aus dem großen Fluchkatalog der Schrift: »Deine Leichen liegen da, zum Fraß für alle Vögel des Himmels« (Deuteronomium 28, 26) hatte den Kozienicer Maggid beim Anhören der Lesung im Bethaus einmal derart betroffen gemacht, daß er unwillkürlich aufschrie. Hinterher kam er beim gemeinsamen Mahl darauf zurück und sprach: »Die ohne Gottesfurcht und ohne Inbrunst verrichteten Gebete – die werden als Leichen bezeichnet. Der Herr jedoch, der jeglichen Betenden hört, zeigt Erbarmen mit Seiner Kreatur: Er läßt im Innersten des Menschen einen Anruf zur heiligen Hingabe erklingen – und *einmal* vermag so der Mensch unter völliger Ausrichtung der Seele auf ihr göttliches Ziel zu beten; da erstarkt sein Gebet mächtig und reißt verzehrend alle Gebetsleichen in sich hinein und steigt, den Vögeln gleich, hinauf zu den Pforten des Himmels.«

*Das gestillte Gebet.* Den Abschluß des zweiten Psalmenbuches: »Seine Herrlichkeit erfülle die ganze Erde. Amen, ja Amen. Ende der Gebete Davids, des Sohnes Isais« (72, 19–20) kommentierte der Berditschewer so: »Das eigentliche Anliegen aller Gebete und Hymnen ist das Zutagetreten der Herrlichkeit Gottes in der unteren Welt. Wenn die Erde einmal zur Gänze von ihr erfüllt sein wird, hat das Beten sein sinnvolles Ende gefunden.«

# Gottes Wort und Weisung

*Genuß und Ruhe.* Der Bescht sprach: »Die Worte der Thora\*, so lesen wir im Buch der Psalmen (19, 11), sind begehrenswerter als Gold und süßer als Honig. Gold ist überaus begehrenswert, aber es stillt die Begierde nicht, da keiner je mit der Menge Goldes zufrieden ist, die er besitzt. Honig ist außerordentlich süß, aber dem übersättigten Gaumen ist er unangenehm. Die Thora\* hingegen stillt die Begierde, und sie ist angenehm.«

*Bekömmliche Begierde.* Der Große Maggid sprach: »Der Talmud\* sagt uns, daß die Thora\* dem bösen Trieb Würze gibt. Wie Würze macht uns die Thora unsere Triebe schmackhaft, und zwar dadurch, daß sie den von Natur aus bösen Drang in den Dienst Gottes hineinzwingt.«

*Das Verstehen suchen.* Der Kozker sprach: »Die talmudischen\* Meister lehren uns, daß wir dem nicht glauben sollen, der beteuert, er habe sich im Studium der Thora* hart geplagt und dabei festgestellt, daß er sie einfach nicht begreife. Wie kommen sie zu dieser Aussage? Dank jener anderen Aussage der Schrift, die erklärt, daß Gottes Wort nicht im Himmel, sondern ganz nah beim Menschen ist (Deuteronomium 30, 12–14). Da demnach jeder Jude ganz nah bei der Thora ist, muß er, wenn er sich ernsthaft bemüht, sie zu begreifen, auch Erfolg haben; andernfalls wäre es ja so, als sei sie, zumindest für ihn, doch im Himmel. Es ergeht ihm dabei wie jemandem, der einen Diamanten in einem Heuhaufen verloren hat. Er gibt sein Bemühen, ihn zu finden, nicht auf, ganz gleich, wieviel Zeit das in Anspruch nimmt, weil er die Gewißheit hat, daß der Diamant da ist. Gleicherweise versichert euch die Thora, daß das Wort Gottes ganz nah bei euch und innerhalb eurer Fassungskraft ist. Hört mit eurer Bemühung nicht auf, und ihr werdet am Ende gewiß entdecken, daß ihr es begreift.«

*Drei Ebenen der Ethik.* Der Kozker verknüpfte folgende drei Episoden aus den Midraschim*:
– Ein kostbares Geschmeide war oben in der Krone eines sehr hohen Baumes aufgehängt. Ein kluger Kopf ordnete an, man solle meh-

»*Gottes Wort ist ganz nah beim Menschen*«

rere Leitern aneinanderbinden, bis es möglich sei, über sie den Wipfel zu erreichen. Dann könne man mühelos hinauflangen und des Geschmeides habhaft werden.

- Mineralische Heilquellen flossen in einer tiefen Klamm, und niemand konnte ihr Wasser heraufbefördern. Ein kluger Kopf ordnete an, man solle mehrere Stricke aneinanderbinden und einen Eimer daran befestigen; und das Wasser mit den heilenden Eigenschaften wurde heraufbefördert.

- Ein Edelmann verlangte von Arbeitern, daß sie Wein in durchlöcherte Fässer füllten. Die Arbeiter murrten und wollten den Grund für einen derartigen Auftrag wissen. Ein kluger Kopf sagte zu ihnen: »Was geht euch der Grund des Edelmanns an? Wichtig ist doch nur, daß man euch entlohnt.«

Der Kozker erläuterte ihren Zusammenhang wie folgt:

»Der erste kluge Kopf folgerte, daß, da das Geschmeide ganz offensichtlich von Menschen auf den Baum gehängt worden war, andere sich nur an deren naheliegendes Vorgehen zu halten brauchten, um es herunterzuholen. Dies läßt sich auf die Sittengesetze beziehen, die man beachtete, noch ehe uns die Thora* gegeben wurde.

———

Der zweite kluge Kopf ging weiter. Er kam zu dem Schluß, daß wir, da uns der Wert der Heilquellen klargeworden ist, einen Versuch unternehmen sollten, sie zutage zu fördern, auch wenn das bisher noch niemand getan hat. Dies läßt sich auf diejenigen Gesetze der Thora beziehen, deren Grund wir begreifen.

Der dritte kluge Kopf fand es angebracht zu gehorchen, selbst wenn einem der Grund für bestimmte Gebote unbegreiflich bleibt. Dies läßt sich auf diejenigen Gesetze der Thora beziehen, für die es keinen Grund zu geben scheint. Der Dritte war der klügste Kopf.«

*Der Schlüssel.* Der Korezer sprach: »Daß die Thora* alle anderen Wissenschaften überragt, ersehen wir aus der Tatsache, daß es dem in der Thora Bewanderten leichtfällt, zu jeder anderen Wissenschaft Zugang zu finden; wohingegen es dem Fachkundigen anderer Wissenschaften schwerfällt, zur Thora Zugang zu finden.«

*Die Scheidung.* Der Korezer sprach: »Wer behauptet, man dürfe das, was die Thora* lehrt, nicht mit dem verwechseln, was das irdische Dasein lehrt, der leugnet Gott.«

*Die Empfänglichkeit.* Der Kozker beantwortete die Frage, weshalb das Schewuot-Fest »Zeit
der Verleihung unserer Thora*« und nicht
»Zeit der Annahme unserer Thora« genannt
werde, so: »Die Thora ward uns in jenen Tagen
verliehen, die das Fest vergegenwärtigt; ihre
Annahme aber findet, bis heute, ständig statt.
Allen Juden ward die Thora zu gleichen Teilen
verliehen, aber sie haben sie nicht zu gleichen
Teilen angenommen.«

*Täglich am Berg der Weisung.* Der Apter
sprach: »Jedes der Kinder Israel sollte sich als
einen Menschen betrachten, der zum Empfangen der Thora* am Sinai steht. Wir Menschen
nämlich unterliegen dem Zeitenzwang von Zukunft und Vergangenheit – im Unterschied zu
Gott, der Tag für Tag die Thora erteilt.«

*Das eine Vermächtnis.* Der Jehudi sprach: »In
den Slichot* lesen wir: ›Und nichts ward uns
hinterlassen als diese Thora*‹. Da uns aber die
Thora hinterlassen ward, haben wir alles. Denn
von der Thora aus sollten wir dazu fähig sein,
unseren vormaligen Stand der Heiligkeit zu-
rückzugewinnen.«

*Die gespiegelte Einung (1).* Der Berditschewer sprach: »Wenn eine Schriftrolle des mosaischen Gesetzes zusammengenäht wird, dann wird sie heilig, und es ist verboten, auch nur *einen* Buchstaben in ihr zu tilgen. Aber solange sie noch in einzelnen Teilen vorhanden ist, ist es statthaft, eine Tilgung in ihr vorzunehmen. Die Buchstaben verkörpern die Seelen der Kinder Israel; sind sie geeint, so darf keine von ihnen ausgelöscht werden.«

*Die gespiegelte Einung (2).* Der Strelisker sprach: »Den abertausend Schriftzeichen der Thora\* entsprechen die abertausend Seelen der Kinder Israel. Wenn nur *ein* Schriftzeichen in der Thorarolle fehlt, ist sie zum Ritual untauglich; wenn nur *eine* Seele im Zusammenschluß der Kinder Israel fehlt, weilt die Schechina\* nicht bei ihm. Nicht anders als die Schriftzeichen müssen sich auch die Seelen aneinanderschließen, um einen Zusammenschluß zu bilden. Wie verhält es sich aber mit dem Gebot, daß die Schriftzeichen in der Thora klar abgegrenzt voneinander stehen müssen? Für jede einzelne Seele der Kinder Israel muß es Tagesspannen geben, die sie ganz allein mit ihrem Schöpfer zubringt.«

*Inwendig Thora sagen\**. Der Lechowitzer hielt sich einmal in der Metropole Minsk auf und legte dort im Beisein etlicher Mitnagdim\* die Thora aus. Sie machten sich über seine Exegese lustig und störten ihn mit dem Zwischenruf: »Das erhellt doch den Passus in gar keiner Weise!« »Ja, glaubt ihr vielleicht«, gab er ihnen zurück, »daß ich den Passus in der Schrift erhellen möchte? Der hat keine Erhellung nötig! In meinem Herzen drin – da möcht' ich ihn erhellen.«

*Nur Ohr (1)*. Rabbi Seeb Wolf von Shitomir berichtete von seinem Meister, dem Großen Maggid: »Er sagte uns: ›Ich will euch lehren, in welcher Verfassung man am besten Thora sagen\* kann; man soll sein eigenes Selbst überhaupt nicht mehr spüren – nur noch Ohr sein, so daß nicht eigentlich der Redende es ist, der spricht, sondern die Welt der Rede in ihm.«

*Nur Ohr (2)*. Der Alexanderer wurde gefragt: »In der Schrift lesen wir: ›Ich werde zu dir in einer dichten Wolke kommen; das Volk soll es hören, wenn ich mit dir rede‹ (Exodus 19, 9). Von welchem Nutzen ist es eigentlich für das Hören, daß der Herr in einer dichten Wolke kommt?«

Der Rabbi erwiderte: »Der Augenschein macht das Gehör benommen. Die dichte Wolke aber trübt den Augenschein ein, und das Gehör nimmt ganz alleine wahr.«

*Die inkarnierte Lehre (1).* Über das reguläre Thora-Sagen* der amtlichen Rabbiner äußerte sich Rabbi Löb Saras, der stets auf der Wanderung befindliche Zaddik, gerne wie folgt: »Was hilft denn ihr ganzes Thora-Sagen? Müßte doch jeder darauf bedacht sein, all sein Tun und Lassen als Thora zu gestalten sowie auch sein Selbst zu einer Thora auszubilden, so daß am Ende sein Gebaren und sein Wandel sowie sein Sichanschmiegen an den Herrn nichts anderes mehr als eine stillschweigende Weisung sind – und somit auf ihn zutrifft, was der Psalmist von den Himmeln sagt: ›Ohne Worte und ohne Reden, unhörbar bleibt ihre Stimme. Doch ihre Botschaft geht in die ganze Welt hinaus, ihre Kunde bis zu den Enden der Erde‹ (Psalmen 19, 4–5).«

*Die inkarnierte Lehre (2).* Rabbi Löb Saras, der wandernde Zaddik, den die Überlieferung zu den »sechsunddreißig verborgenen Gerechten« zählt, sagte gern über seinen verehrten Meister: »Ich suche den Großen Maggid in Meseritsch nicht auf, um aus seinem Munde die Lehre zu vernehmen, sondern nur, um mir anzusehen, wie er die Schuhe auszieht, und wie er sie schnürt.«

*Der Leib und die Seele der Lehre.* Einmal tanzte der Bescht am Abend von Simchat-Thora* gemeinsam mit den Glaubensbrüdern im Bethaus. Er ergriff eine Schriftrolle und drehte sich mit ihr im Tanz. Danach reichte er die Rolle zurück und setzte seinen Tanz ohne sie fort. Einer seiner Schüler, der die Gesten des Lehrers besonders gut zu deuten verstand, kommentierte den Vorgang, an die Genossen gewandt, mit den Worten: »Eben hat der Meister die mit Händen zu greifende Thora abgegeben und die geistige Thora übernommen.«

*Wo Eden ist (1).* Der Miedžyboźer sprach: »Meine Erwartung geht dahin, daß ich nach meinem Tod im Paradiese bin. Denn selbst wenn man mir den Zutritt verweigern sollte, werd' ich laut und mit frischer Intuition Thora sagen*; und alle Zaddikim, die im Paradiese weilen, werden sich um mich versammeln, mir zu lauschen. Die Stelle, an der ich stehe, wird zum Paradiese werden.«

*Am Abend von Simchat-Thora*

*Wo Eden ist (2).* Der Ujhelyer träumte einst, er befände sich im Paradiese und man geleitete ihn zum Gemach der Tannaim\*. Er erblickte einen von ihnen, der ins Studium der Mischna\* vertieft war. »Soll das hier etwa das Paradies sein?« rief Rabbi Mosches unwillkürlich aus. Da ertönte auch schon eine Stimme, die ihm sagte: »Jüngelchen, die Tannaim, so glaubst du, sind im Paradies. Weit gefehlt! Das Paradies ist in den Tannaim.«

*In der Thora denken.* Die von den schriftgelehrten Weisen hervorgehobene Tatsache, daß die Thora\* in ein und demselben Psalmvers zuerst als »*die* Weisung des Herrn« und dann als »*Seine* Weisung« bezeichnet wird (Psalmen 1, 2), deutete der Kozienicer Maggid so: »Wer die Thora allein um ihretwillen studiert, dem wird sie zum Geschenk gemacht, so daß sie ihm angehört. Dann mag er alles Heilige, dem er nachsinnt, dem Sprachgewand der heiligen Weisung anvertrauen.«

*Über den Wassern der Weisung (1).* Den Passus der Schrift: »Und Gottes Geist schwebte über dem Wasser. Gott sprach: Es werde Licht« (Genesis 1, 2–3) kommentierte der Bescht so: »Wenn eines Menschen Verstand, der göttliche

Geist, über der mit einem Gewässer verglichenen Thora* schwebt, dann gebietet Gott, daß dem Geist Erleuchtung werde.«

*Über den Wassern der Weisung (2).* Der Miedžybožer wurde gefragt: »Warum erläutert der Zaddik beim Thora-Sagen* den Wortlaut der Verse mit solch kühnem Zugriff, daß er ihn beinahe seiner offenkundigen Bedeutung beraubt?« Er erwiderte: »Es steht geschrieben: ›Gottes Geist schwebte über dem Wasser‹ (Genesis 1, 2). Gleicherweise schweben jene, die von Gott eine Eingebung empfangen, über der mit einem Gewässer verglichenen Thora – sie kommen ihr nah, aber sie berühren sie nicht.«

*Der Kernsatz der Weisung.* Als sein Ende nahte, wiederholte Rabbi Hirsch von Rymanow mehrmals leise den Vers aus dem Lied des Mose: »Treu ist Gott und kein Böses an Ihm« (Deuteronomium 32, 4). Danach erklärte er: »Daß Gott treu ist und einem folglich nichts Böses widerfährt – das ist die ureigentliche Botschaft der Thora*. Da könntet ihr leicht einwenden: ›Ist das alles? Was soll dann die ganze umfangreiche Schrift? Da hätte der Herr ja nur am Sinai die wenigen Worte zu sagen brauchen.‹ Nun – keinem dämmert dieses Grundsätzlichste auf, der vorher nicht die ganze umfangreiche Schrift sich angeeignet und mit seinem Leben erfüllt hat.«

*Die ersichtliche Sicht.* Dem Psalmvers: »Öffne mir die Augen, daß ich sehe die Wunder an Deiner Weisung!« (119, 18) gab der Strelisker einmal im vertrauten Kreise seiner Getreuen folgende Deutung: »Nach unserer Überlieferung schuf der Allheilige im Urbeginn das Licht des Urquells und zeigte es dem Ersten Menschen*. So vermochte dieser, vom Anfang bis ans Ende der Welt zu schauen, ohne daß sich eine Scheidewand zwischen seinen Blick und das Erblickte schob. Später aber wurde dieses Urlicht von Gott verborgen. Aus diesem Grunde ruft ihn David an: ›Öffne mir die Augen!‹ Freilich begehrt er damit mehr als nur die übliche Sehkraft, mit der Gott das menschliche Auge begabt; dieses kann ja nicht wirklich aus eigenem Vermögen sehen, und zudem ist es ihm durch eine Scheidewand verwehrt, das Entlegene, Ferngerückte auf gleiche Weise schauend zu erfassen wie das, was es in nächster Nähe erblickt. Und David nun fleht um die Beseitigung dieser Scheidewand, um den uneingeschränkten Augenschein alles Geschaffenen. ›An Deiner Weisung sehe ich doch‹, so ruft er zum

Herrn, ›daß von Dir eigentlich keinerlei Scheidung gewollt ist.‹«

*Väterliche Winke.* Der Bescht sprach: »Ein König ließ einen Edelstein aus seinem Ring fallen und gab seinem Lieblingssohn einen Hinweis, wo der Juwel sich nunmehr befand. So konnte der Knabe, zur Freude des Vaters, seinen Eifer und Scharfsinn dartun. In ähnlicher Weise hat Gott heilige Funken* auf die Welt fallen lassen. Durch Seine Thora* gibt Er Israel Hinweise, an welchen Stellen sie auf die Erde gefallen sind, damit Israel sie Ihm zurückbringen kann.«

*Die vollständige Thora.* Zum Vers des Propheten: »Von mir wird eine Weisung ausgehen« (Jesaja 51, 4) äußerte sich der Berditschewer einmal an einem Festtag der Erteilung der Lehre wie folgt: »Wovon ist hier eigentlich die Rede? Nach unserem Bekenntnis ist doch die Thora*, die Moses am Sinai empfing, unersetzbar, einzig und unveränderlich; und es ist uns bindend untersagt, auch nur an einem ihrer Schriftzeichen zu rütteln. Nun sind aber in Wirklichkeit nicht allein die schwarzen Schriftzeichen Thora, sondern auch die weißen, letternlosen Stellen dazwischen, deren Entzifferung freilich unseren irdischen Augen nicht möglich ist. Der Tag wird kommen, da der Herr auch den Teil der Thora offenbart, der in ihrer unbeschrifteten Weiße verborgen liegt.«

# Wesen und Wirken der Zaddikim

*Der Gründer (1).* Die Seele des Bescht, so bestätigten seine Chassidim, habe sich, als Adam* im Begriffe war, der Schlange zu erliegen, aus der in ihm vereinigten Gemeinschaft aller Seelen losgerissen und sei durch ihre Flucht dem Sündenfall entronnen.

*Der Gründer (2).* Es geht die Sage, die Seele des Bescht habe sich gesträubt, ins irdische Dasein hinabzusteigen, fürchtete sie doch, das Gezücht der feurigen Nattern (Numeri 21, 6), das in allen Generationen sein Unwesen treibt, möchte sie verzagen lassen und zugrunde richten. Da rüstete man sie mit den Seelen von sechzig Starken aus, wie sie das Bett des Königs Salomo umstanden, zum Schutz vor der Bedrängnis der Nacht (Hoheslied 3, 7–8) – diese sechzig Zaddikim-Seelen sollten ihr Geleit sein auf Erden. Aus ihnen wurden die Träger und Mittler der vom Bescht ins Leben gerufenen Lehre.

*Im Herzen (1).* Den Slonimer fragte ein Außenstehender: »Haben Eure Meister irgendwelche Schriften hinterlassen?« »Ja«, antwortete er. »Gedruckt oder in handschriftlicher Form?« wollte der Mann wissen. »Weder noch«, sagte der Slonimer, »sie sind in die Herzen ihrer Anhänger eingetragen.«

*Im Herzen (2).* Der Rozdoler wurde gebeten, etwas über seinen Meister, den Strelisker zu berichten. Da entblößte er seine Brust und sagte: »Schaut mir ins Herz, dann wißt ihr, was mein Meister ist.«

*Die herausgehörte Lehre.* Der Kozker sagte von sich: »Daß ich zu einem Chassid wurde, verdanke ich einem Alten aus meiner Heimat. Der hat mir in Legenden und Anekdoten von den Zaddikim berichtet. Er teilte mit, was ihm überliefert war; und ich vernahm, was mir tauglich war.«

*Die gelesene und die erlebte Lehre.* Zu der Zeit, da Rabbi Bunam noch als Kaufmann mit Holz handelte, wurde er in Danzig von einigen Männern seines Gewerbes gefragt: »Ihr seid so belesen und kennt Euch gründlich in den gelehrten und heiligen Büchern aus – weshalb sucht

Ihr da die Zaddikim auf? Die können Euch doch nun wirklich nichts beibringen, was Ihr nicht schon aus dem Schrifttum wüßtet!« Er machte Anstalten, es ihnen zu begründen, aber ihnen blieb unklar, was er meinte. Gegen Abend brachen sie auf ins Theater und wollten ihn überreden mitzukommen; er aber zeigte kein Interesse. Wieder zurück im Quartier, schwärmten sie ihm vor, was für unglaubliche Dinge sie gesehen hätten. »Darüber weiß ich Bescheid«, sagte er, »ich kenne sie aus dem Programm.« »Aber durch die bloße Programmlektüre«, hielten sie ihm sogleich entgegen, »könnt Ihr Euch unmöglich einen echten Begriff von dem machen, was wir mit angesehen haben!« »Nun«, sagte er, »nicht anders ist es mit den gedruckten Schriften und den Führern des Glaubens.«

*Die Nähe zum Meister (1).* Der Bescht sprach: »In den Pirke Awot* wird die Wirkung eines Führers mit der von glühender Kohle verglichen. Haltet euch nicht zu fern von eurem Meister, sonst bleibt ihr kalt. Kommt ihm nicht zu nahe: Ihr könntet verbrennen. Dasselbe gilt für den Umgang mit euren Freunden.«

*Die Nähe zum Meister (2)*. Oftmals hörte Rabbi Bunam den Jehudi die Talmud*-Sentenz sagen: Wer immer sich an einen Reinen binde, der werde rein. Schließlich fragte er seinen Lehrer: »Ist das denn eigentlich gerecht? Soll einer, der sich nicht darum bemüht hat, sich selber rein zu machen, genauso rein werden können wie einer, der sich gewissenhaft darum bemüht hat, Reinheit zu erlangen?«

Der Jehudi antwortete: »Es fällt oft schwerer, mit einem Reinen verbunden zu bleiben, als sich selber rein zu machen.«

*Das alleinige Verlangen.* Ein schlauer Kopf bemerkte gegenüber dem Rozdoler: »Die Triebkraft, die einen Menschen zum Zaddik-Amt drängt, unterscheidet sich in ihrer Grundnatur nicht von allen anderen menschlichen Begierden.«

»Da habt Ihr sicher recht«, entgegnete der Zaddik, aber ehe sie zum Tragen kommt, muß der Mensch erst die anderen Begierden alle zum Schweigen gebracht haben.«

*Drei in einem.* Rabbi Bunam sagte zu seinen Schülern: »Der ausschließlich Gelehrsame neigt zum Ketzertum; der ausschließlich Herzensgute neigt zur Liebelei; der ausschließlich

Fromme neigt zur Vergötzung des Ich.« »Und was macht dann den rechtschaffenen Meister aus?« wurde der Zaddik gefragt. »Daß er die drei in sich vereint«, gab er zur Antwort.

*Das Licht und die Meister (1).* Der Korezer sprach: »Im Uranfang, so lehrt es uns Ari*, der erhabene Weise, barsten bei Gottes Gestaltung und Umgestaltung der Welten die Gefäße, zersprengt von der in sie einströmenden Gewalt göttlichen Seins. Auf diese Weise sind aber heilige Funken* hinab in die tieferen Regionen gefallen und haben deren absolute Nacht mit göttlichem Licht durchtränkt. Gleiches geschieht auch, wenn in der Zaddik-Seele die Gefäße bersten.«

*Das Licht und die Meister (2).* Der Lisensker sprach: »Vor dem Übergang der Seele in die Luft des irdischen Daseins werden ihr alle Hierarchien und Bereiche des Seins vor Augen gestellt. Schließlich läßt man sie das im Uranfang geschaffene Licht des Urquells schauen, das die Welt von einem Ende zum anderen erhellte und vom Allheiligen späterhin, bei der Heraufkunft der sündigen Geschlechter, verborgen ward. Aus welchem Grunde führt man der Seele dieses Licht vor Augen? Daß, nachdem sie es geschaut, die Sehnsucht nach seiner Erlangung in ihr brenne und sie sich während ihrer Erdentage schrittweise auf es zubewege. Die Zaddikim aber erlangen es: Das Licht erwählt sie zu seiner Stätte und sendet aus ihr seine Helle wieder hinaus in den Erdkreis. Zu diesem Ende ward es einst verborgen.«

*Vom Stoff zur Gestalt (1).* Der Polonnojer lehrte: »Der Mensch ist aus Materie und Form geschaffen, die einander widerstreiten, weil die Materie sich den Triebkräften des körperlichen Stoffes fügt, wohingegen die Form nach Geistigem drängt. Der Mensch aber wurde dazu erschaffen, daß er die Materie zur Form ausgestalte; denn nur so kann der Widerspruch zwischen beiden versöhnt und zur vollkommenen Einheit gewandelt werden. Dies ist nicht nur die Bestimmung des einzelnen, sondern des ganzen Volkes Israel. Den Zaddikim nun, die sich dem Studium der Thora* und dem Gottes-Dienst widmen und deshalb nicht, wie das gewöhnliche und zutreffend benannte ›Erden-Volk‹, vornehmlich mit Materie befaßt und mit dieser letztlich eins sind, ist es aufgetragen, die Stofflichkeit des Volkes ins Geistige umzugestalten. Sie sind gewissermaßen die Form des Volksstoffes, die Seele des Volkskörpers.

Demnach ist die Verbundenheit des einfachen Volkes mit den Zaddikim gleichbedeutend mit seinem Leben; die Abtrennung von ihnen aber ist gleichbedeutend mit seiner Entseelung. Freilich muß der Zaddik, um den Volkskörper beseelen zu können, inmitten der großen Menge, im Herzen der Volksmasse weilen; er darf sich ihr keinesfalls hoffärtig entziehen. Wie soll sich denn ein elitärer und überheblicher Rabbiner mit den Massen vereinigen und sie zum Herrn erheben? Verharrt der Zaddik in den hohen Regionen geistlicher Spiritualität, dann ist es ihm unmöglich, sich mit den einfachen Leuten zu verständigen und innerlich zu verbinden. Er muß auf eine niedrigere Ebene heruntersteigen, um die Durchschnittsmenschen auf eine höhere Stufe erheben zu können. Dergestalt gleicht er der Leiter Jakobs, ›die auf der Erde stand und mit der Spitze an den Himmel rührte‹ (Genesis 28, 12).«

*Vom Stoff zur Gestalt (2).* Der Rushiner sprach: »Grobe Gewerbe werden geringgeschätzt. Von einem Klempner hält man nicht viel, und von einem Maurer noch weniger, weil sie mit minderwertigem Material umgehen. Und wie steht es mit mir? Was ist gröber als ein Erdklumpen, der sich gegen geistige Erhebung sträubt? Doch arbeite ich nicht mit eben diesem Material, zum höheren Ruhm Gottes?«

*Umgekehrte Schöpfung.* Der Große Maggid lehrte: »Die Schöpfungsgeschichte beinhaltet die Erschaffung des Seienden aus dem Nichts, wohingegen die Zaddikim das Seiende in das Nichts zurückverwandeln; denn aus all ihrem Tun, und sei es noch so grob stofflich, wie beispielsweise das Zusichnehmen von Nahrung, treten aufwärtsstrebende Funken* zutag.«

*Das Wirken der Saat.* Der Große Maggid lehrte: »Wie die in die Erde gebrachte Saat alle nährenden Kräfte der Scholle in sich hineinzieht und dann die Frucht herausbildet, so zieht auch der Zaddik die heiligen Funken* an, die, mit der Wurzel seiner Seele verwandt, in den irdischen Dingen verhüllt sind, und trägt sie zum Allheiligen empor.«

*Die Unverschämten.* Den Spruch aus den Pirke Awot*: »Der Freche zur Hölle, der Schüchterne ins Paradies« erläuterte Rabbi Sussja wie folgt: »Der Freche, das ist der, den die Menschen Zaddik nennen; in seiner Heiligkeit erfrecht er sich, höllenwärts hinabzusteigen, um das Niedrige emporzuziehen; er fürchtet nicht die Niedertracht auf den Straßen, Plätzen und Märkten. Der Schüchterne aber, der sich vor Ansteckung fürchtet, muß ständig der hohen Warte des Paradieses zu entsprechen suchen; immerfort muß er beten und lernen und die Berührung mit jenen meiden, die der Zaddik aus dem Schlamm erhebt.«

*Die mit ihren Freuden dienen.* Der Rushiner sprach: »Zwei Arten von Zaddikim gibt es, unterschieden durch die Art ihres Dienstes. Die einen dienen dem Herrn mit der Thora* und dem Ritual, die anderen mit der Nahrungsaufnahme und den Freuden des Alltags, indem sie sie allesamt heiligend emporläutern. Eben diese letztgenannten Zaddikim erregen Anstoß bei vielen und fordern deren harsche Kritik heraus. Doch ihre Beschaffenheit haben sie von ihrem Schöpfer; der nämlich will, daß der Mensch nicht der Sklave seiner Genüsse bleibe, sondern in Freiheit über sie verfüge. Die innere Befreiung des Menschen – eben dazu sind diese Zaddikim berufen. Die ersteren sind die Meister der offenkundigen Wirklichkeit, sie aber sind die Meister der verborgenen Wirklichkeit. Das Geheime enthüllt sich vor ihnen, und die Sprache der Träume wird lesbar für sie – nicht anders erging es Josef, der, dem Midrasch* zufolge, seine

Haarpracht in Löckchen legte und dem Herrn im Genuß der alltäglichen Freuden diente.«

*Die der Erde Verpflichteten.* Den Schriftvers: »Der Himmel allenthalben ist des Herrn; aber die Erde hat Er den Menschenkindern gegeben« (Psalmen 115, 16) zog der Rushiner einmal zur Erhellung des Zaddiktums heran. Er sprach: »Die Zaddikim zerfallen in zwei Gruppen. Die einen verbringen ihre gesamte Zeit im Gebet und Thora*-Studium und lassen sich in keiner Weise auf die profanen Alltagswirklichkeiten ein – ist doch die innere Heiligung ihr ausschließliches Ziel. Die anderen haben nicht ihr Selbst im Sinn; sie trachten einzig und allein danach, die in den Schalen* der irdischen Wirklichkeiten verschlossenen heiligen Funken* zu befreien, um sie zu ihrer göttlichen Wurzel zurückzuführen, und lassen sich demgemäß auf sämtliche Gegebenheiten des profanen Alltagslebens ein. Die ersteren, die unablässig auf ihre geistige Erhebung und himmlische Entrückkung ausgerichtet sind – die setzt der Schriftvers dem Himmel gleich; sie leben in Abgeschiedenheit beim Herrn. Die letzteren hingegen setzt er der den Menschenkindern anvertrauten Erde gleich.«

*Die schlichten Mittel (1).* Der Bescht, der seinen Schülern gerne volkstümliche Geschichten und Anekdoten erzählte, erläuterte ihnen einmal durch das folgende Gleichnis, was er damit bezweckte.

»Ein König betraute seinen Sohn mit dem Befehl über eine nah an der Grenze gelegene Festung. Er teilte ihm mit, daß der Feind in nächster Zukunft einen Überfall plane, und legte ihm ans Herz, sämtliche beschaffbaren Nahrungsmittel in der Festung einzulagern. Falls er keine Nahrungsmittel von hoher Qualität auftreiben könne, solle er eben sämtliche Speicher mit Nahrung von minderem Wert anfüllen. Obwohl der Prinz diese Vorsichtsmaßnahme für überflüssig hielt, befolgte er doch den väterlichen Rat. Wenig später rückte der Feind heran. Die Belagerung der Festung zog sich lange hin, und am Ende war es die einfache, grobe Nahrung, die die Festung vor der Kapitulation bewahrte. – So speichert denn, meine Lieben, in eurem Gedächtnis diese Allerweltsgeschichten ein, die ich euch erzähle – und nicht nur die Lehren, die eurer Meinung nach tiefschürfend sind. In eurem Dienst unter den Menschen werden sich *beide* als nützlich erweisen.«

*Die schlichten Mittel (2).* Der Rushiner lehrte:
»Man kann die Menschen auf zweierlei Weise
zum Guten beeinflussen. Einerseits durch be-
deutsame und tiefsinnige Predigten – wenn die
Hörerschaft hohe Intelligenz besitzt. Andererseits durch leichtverständliche Predigten, in die
Geschichten und Gleichnisse eingefügt sind –
wenn die Hörerschaft aus einfachen Männern
und Frauen von geringer Gelehrsamkeit besteht. Ganz in diesem Sinne dürfen wir den Vers
des Hohenliedes (8, 8) auffassen: ›Unsere
Schwester ist klein‹, das heißt ein Publikum von
nur geringer Bildung; ›und hat keine Brüste‹,
das heißt, sie ist bis jetzt noch unentwickelt und
unreif. ›Was sollen wir mit unserer Schwester
tun‹ – wie sollen wir auf eine solche Versamm-
lung Einfluß nehmen, ›am Tag‹ – am Sabbat
oder Feiertag, ›da man sie soll anreden‹, das
heißt, da man ihr Geschichten erzählen soll?«

*Die Andacht bannen.* Der Rushiner lehrte: »Mit
unterschiedlichen Methoden versuchten die
weisen Väter, die Menschen dazu zu bewegen,
einen Teil ihrer Zeit der ernsthaften Vertiefung
in religiöse Gedanken zu widmen. Zunächst
wurde angeordnet, Opfer vor dem Herrn darzubringen. Es stellte sich jedoch eindeutig heraus, daß die reine Empfindung des Glaubens

fehlte, und so ersetzte man die Opferungen durch Gebete. Auch diese vermochten oftmals nicht, die Aufmerksamkeit der Gottesdiener auf dem Höchststand zu halten. Daher wurde es erforderlich, das Predigen des Rabbi hinzuzufügen. Und nunmehr ist es unabdingbare Pflicht des Predigers, seine Botschaft in leichtverständlicher Ausdrucksweise darzulegen und dabei Gleichnisse und Geschichten, geistreiche Formulierungen, Sprüche und Aphorismen, ja sogar weltliche Dinge mit einzuflechten. In jedem Zuhörer steckt anscheinend ein widersetzlicher Geist, der ihm gebietet, seine Gedanken von den bewegenden Inhalten des Glaubens und der Gottesverehrung abzukehren. Aber derselbe Geist des Bösen läßt sich offenbar durch eine wirkungsvolle Rede betören und kommt erst dann dazu, dem Zuhörer die gedankliche Abkehr zu befehlen, wenn es zu spät ist: Die religiöse Lehre hat bereits dessen Gemüt durchdrungen und sich in seinem Gedächtnis dauerhaft festgesetzt.«

*Hausmittel.* Der Lisensker besuchte einst die Stadt Nikolsburg, wo Rabbi Schmelke als Raw* und Zaddik wirkte. Als man den Lisensker bat, eine Predigt zu halten, sagte er zur versammelten Gemeinde: »Euer Rabbi heilt euch den

Geist mit ausgesuchten Arzneien, so wie ein guter Arzt. Ich bin bloß ein Viehdoktor und kann weiter nichts tun, als euch mit einfacher, gewöhnlicher Medizin zu behandeln. Ich muß euch beschwören, nur ja nicht die Zehn Gebote zu brechen: nicht zu stehlen, kein falsches Zeugnis abzulegen, nicht zu begehren und dergleichen.«

*Den Verlaß tilgen.* Der Kozker las aus einer chassidischen Erbauungsschrift folgende Parabel vor: »Ein Höfling – der Neffe des Premierministers – hatte sich bei mehreren Gelegenheiten eines ungebührlichen Verhaltens schuldig gemacht. Jedesmal legte der Premierminister beim König Fürbitte für ihn ein und erreichte die Vergebung des Monarchen. Einmal jedoch war die Ungezogenheit des Höflings derart verabscheuungswürdig, daß sein Onkel sich schämte, bei seinem Herrscher wegen des Missetäters vorzusprechen. Da er aber seinen Neffen trotz allem liebte und ihn retten wollte, ging er zum König und sagte: ›Der Grund für das schlimme Betragen des Angeschuldigten lag in dem Glauben, daß ich ja für ihn Fürbitte einlegen würde. Das beste Gegenmittel wäre folglich, daß Ihr mich meines Amtes enthebt. Dann bin ich künftig ganz gewiß außerstande, ihm seine Straflosigkeit zu garantieren – und eben diese Einsicht wird ihn von seinem schlimmen Betragen kurieren.‹ Viele Male legte Moses für Israel Fürbitte ein; aber als sie das Goldene Kalb anbeteten, bat er den Herrn: ›Streich mich aus Deinem Buch‹ (Exodus 32, 32).«

*Zum Dienst verhelfen.* Der Gerer gab einmal am Pessach* folgende Erklärung ab: »Ich bin kein berufsmäßiger Rabbi. Ich brauche weder mehr Geld noch mehr Ansehen, als ich zur Zeit besitze. Mein einziger Wunsch ist, die Herzen der Juden zum Himmel zu lenken, damit die Wahrheit in sie eindringe. Man soll wissen, daß ich keinen Wert auf den Besuch von Bittstellern lege, die sich wegen der Gesundheit, des Vermögens oder der Nachkommenschaft an mich wenden; für solche Belange sind andere zuständig. Aber wenn einer glaubt, er sei außerstande, dem Herrn gebührend zu dienen, weil ihm Gesundheit, Vermögen oder Nachkommenschaft fehlen, dann mag er sich an mich wenden. Ich werde mich bemühen, ihm bei seiner Anstrengung, das Hindernis auszuräumen, behilflich zu sein.«

*Den Pfad zeigen.* Als an einem Festtag Tausende von Chassidim zum Gerer kamen, sagte dieser zu ihnen: »Laßt mich ganz offen mit euch reden. Daß ich ein Mittler sei zwischen Gott und euch – das dürft ihr nicht von mir erwarten. Ich kann euch bloß auf die rechten Wege guten Verhaltens hinweisen, und die führen zur Gottesfurcht. Gehen müßt ihr sie freilich ohne meine Hilfe. Lernt, auf eigenen Füßen zu stehen, dann werdet ihr nicht fallen, auch wenn euer Rabbi kein großer Mann ist.«

*Das volle Herz.* Ein Armer kam zum Berditschewer und ersuchte diesen, für die Errettung aus seinem Elend zu beten. Der Zaddik bat den Mann, er möge ihn am darauffolgenden Tag an seinen Wunsch erinnern.

»Aber Rabbi«, protestierte der Bittsteller, »heute hab' ich die Gelegenheit zu einer kostenlosen Heimfahrt!«

»Was soll ich machen?« erwiderte der Zaddik. »Im Augenblick ist mein Herz angefüllt mit den Nöten eines andren Mannes. Sobald diesem der Herr geholfen hat, wird mein Herz frei sein, um die deinen aufzunehmen. Ich kann dir nur Beistand leisten, wenn mein Herz deine Not ebensosehr empfindet wie du selbst.«

*Aufs Herz geschrieben.* Der Rymanower bekannte einmal: »Jeder Jude, der grambeladen zu mir kommt, um mir sein Leid zu schildern, hinterläßt eine Spur auf meinem Herzen. Wenn ich aufstehe, um still die Tefillah* zu sprechen, dann entblöße ich vor Gott mein Herz und bete, daß er jede Sorge lesen möchte, die darauf geschrieben steht.«

*Die zwei Adressaten.* Der Żydaczower bemerkte einst gegenüber seinen Schülern: »Mit dem Menschen, der mich aufsucht, daß ich ihm durch mein Gebet in Nöten der irdischen Welt helfe – sei's nun bei der Beschaffung von Geld, sei's bei der Sicherung von leiblichem Wohl oder Gewerbe –, sucht mich zugleich auch dessen Seele auf, aus Sorge um ihr himmlisches Heil. Und ich hab' die Pflicht, dem einen wie auch dem anderen zu erwidern, in ein und derselben Rede.«

*Der Außenstandpunkt.* Der Kozker wurde von einem Chassid gefragt: »Rabbi, wie kommt es eigentlich, daß Ihr unsereinen in geschäftlichen Belangen guten Rat zu erteilen vermögt, wo Ihr selbst Euch doch von allen weltlichen Angelegenheiten fernhaltet?« Er antwortete: »Von welcher Warte aus läßt sich wohl das Gesamtbild irgendeiner Sache am ehesten erfassen?«

*Jedem die eigene Lehre.* Rabbi Bunam bemerkte einst bedauernd: »Am Sabbat, wenn sich bei mir zu Haus die Menschen scharen, da hab' ich große Mühe, an alle gerichtet zu lehren oder Thora zu sagen\*. Jeder einzelne braucht nämlich eine allein für ihn bestimmte Unterweisung und soll in dem, was sie allein ihn lehrt, zur Vollkommenheit gelangen – demnach vermittle ich allen zusammen, was ich jedem einzelnen von ihnen vorenthalte.«

*Gemeinsam belehrt (1).* Der Zloczower Maggid sagte einmal, als er vor einer zahlreichen Zuhörerschaft predigte: »Man sollte sich meine Rede zu Herzen nehmen«, um im gleichen Atemzug fortzufahren: »Ich verlange hier nicht: ›Ihr solltet euch meine Rede zu Herzen nehmen‹, sondern: ›Man sollte sich meine Rede zu Herzen nehmen‹ – denn ich bin nicht minder mit einbezogen: Ich sollte mir meine Rede ebenso zu Herzen nehmen.«

*Gemeinsam belehrt (2).* Rabbi Bunam saß einst in seiner Stube und lehrte. Da scharten sich die Lernbegierigen alle um seinen Tisch und rückten dem Meister so nahe, daß der Diener sie in barschem Tone zurechtwies. »Ach, beruhig dich schon«, sagte ihm der Eingeengte, »du

kannst sicher sein: Nicht nur sie tun ihr mög-
lichstes, daß ihrem Ohr nichts von dem entgehe,
was ihr Zaddik redet; auch ich tue mein mög-
lichstes, daß meinem Ohr nichts von dem entgehe, was meine Zunge redet.«

*Die lehrreiche Wartefrist.* Ein enger Vertrauter
des Alexanderers fragte diesen, weshalb er die
Chassidim, die ihn aufsuchten, erst nach Ablauf
vieler Stunden vorließe. Der Rabbi antwortete:
»Solange sie in der Vorhalle warten, können sie
sich über die Chassiduth* unterhalten und lernen dabei voneinander. Doch was könnten sie
schon von mir lernen?«

*Die Gebetsunion.* Der Zloczower Maggid sagte
gern vor dem Beten: »Ich mach' mich eins mit
allen Kindern Israel, mit denen, die mehr sind
als ich, und denen, die weniger sind als ich. Mit
denen, die mehr sind, daß durch sie mein Gebet
emporgetragen werde; mit denen, die weniger
sind, daß durch mich ihr Gebet in die Höhe
steige.«

*Die lebendige Schrift.* Der Rushiner lehrte:
»Der Konsonantentext* der Thora* bleibt ohne
die Vokalzeichen* stumm; und die Vokalzeichen sind ohne den Konsonantentext nichtig –

auf eben diese Weise sind die Zaddikim und Chassidim miteinander verknüpft. Die Zaddikim entsprechen dem Konsonantentext, und die zu ihnen gehörenden Chassidim entsprechen den Vokalzeichen. Die Chassidim sind auf ihren Zaddik angewiesen, doch dieser ist in gleichem Maße auf seine Chassidim angewiesen. Dank ihrer vermag er aufzusteigen, dank ihrer vermag er abzugleiten, wovor unsereiner der Himmel bewahre; sie lassen sein Wort verlauten, sie tragen seinen Einfluß unter die Menschen. Gesetzt, einem meiner Chassidim ist es unterwegs zu mir gelungen, den Kutscher eines Wagens voller freidenkerischer Leute dazu zu bewegen, ihn auf dem Kutschbock mitfahren zu lassen; und dann wird es Zeit, Mincha* zu sprechen; und der Kutscher hält an und läßt ihn absteigen zum Beten; und der Mann bringt in Andacht versunken sein Gebet dar; die Leute im Wagen jedoch sind aufgebracht und geben lauthals ihrer Entrüstung über den Kutscher Ausdruck, herrschen ihn wütend an; und da wissen sie mit einem Mal nicht mehr, wie ihnen geschieht, und es wird ihnen ganz anders – weil es die unmittelbare Erfahrung ihrer gegenwärtigen Lage selber ist, die sie hier und jetzt von Grund auf umgestaltet.«

*Solitär oder solidarisch (1).* Man hatte Rabbi Bunam mehrfach von Zaddikim berichtet, die sich, losgelöst von jeglicher Gemeinde, in völliger Zurückgezogenheit den Wonnen der Kontemplation und den Entrückungen inbrünstiger Andacht anheimgaben.

Er antwortete darauf mit einem Gleichnis: »Ein König ließ rings um seinen Palast ein Labyrinth anlegen – ein schier unüberwindliches Hindernis für alle, die unbedingt vor das Angesicht des Herrschers treten wollten. Der einzige Zugang zum König führte durch einen Irrgarten tausendfältig verschlungener Pfade; und bei keinem von diesen durfte man gewiß sein, sich nicht hoffnungslos in unwegsamem Wirrsal zu verlieren. Diejenigen nun, die ihre mächtige Liebe zum König dazu bewog, den Gang durchs Labyrinth zu wagen, unterschieden sich in der Art, wie sie zum Herrscher vorzudringen suchten. Die einen richteten ihr ganzes Sinnen und Trachten darauf, die Wirrnis auf dem richtigen Pfad Schritt für Schritt erfolgreich zu durchqueren. Die anderen versahen alle Abzweigungen vom richtigen Pfad, alle Gabelungen, die ihnen besonders fragwürdig schienen, mit dauerhaften Markierungen, um so die Nachfolgenden darin zu bestärken und zu ermuntern, sich auf dem einmal eingeschlagenen

Weg nur getrost voranzukämpfen. Die einen entsprachen bedingungslos der gestrengen Verfügungsmacht des Königs; die anderen bauten ebenso bedingungslos auf die unvermindert fortbestehende Bereitwilligkeit seines Erbarmens.«

*Solitär oder solidarisch (2).* Der Zanser, der einst nach dem Mincha*-Sprechen einen hartnäckigen Bittsteller in heftigem Ton zurechtwies, begründete dies gegenüber einem befreundeten Zaddik, der Zeuge dieses Vorfalls geworden war, damit, daß ihn der Mann »mit seinem armseligen Anliegen und Sorgenkram aus dem Versunkensein in die Welt der uranfänglichen Scheidung herausgerissen« habe.

Der Zaddik brachte ihn mit folgenden Worten zur Besinnung: »Zu dem Vers: ›Mose stieg vom Berg zum Volk hinunter‹ (Exodus 19, 14), mit dem die Schrift den Bericht von Gottes Ankündigung Seiner Gesetzgebung abschließt, bemerkt der Talmud*, dies besage, daß Mose nach seinem Abstieg vom Berg nicht seinen Obliegenheiten nachging, sondern sich direkt seinem Volke widmete. Was soll das eigentlich bedeuten? Welcherart waren denn die Obliegenheiten, die der Lehrer der Kinder Israel da hintanstellte, um sich ohne Umschweife an sein

Volk zu wenden? Nun, gemeint ist folgendes: Beim Herabsteigen vom Berge befand sich Moses noch im Zustand des Sichanschmiegens an die oberen Hierarchien des Seins und vollzog in diesen die Einung der Sefira* der Macht* mit der Sefira der Barmherzigkeit*. Dieses Werk war es, das Moses oblag. Und doch hörte er auf damit und widmete sich, von den oberen Reichen sich abkehrend, ganz seinem Volk. All die armseligen Anliegen und den Sorgenkram der Kinder Israel hörte er sich an, barg ihrer aller Kümmernis in seinem Innern, um sie dann zum Herrn emporzuheben durch sein Gebet.«

*Die zwei Archetypen des Zaddiktums.* Nach Auffassung der weisen Väter verkörperte Abraham die Sefira* der gnadenvollen Barmherzigkeit* und Isaak die Sefira des mächtigen Gerichts*. Rabbi Bunam gab dazu folgende Erläuterung: »Die Wohnstatt Abrahams stand allseits allen offen; jeglichem gewährte er seine Gastfreundschaft, und alle Labsal und Erquikkung ward seinen Besuchern durch ihn zuteil. Auf diese Weise machte er der Menschenwelt die alldurchwaltende Gegenwart Gottes kund. Als jedoch Isaak die Nachfolge des Rabbi Abraham antrat, besorgte er sich als erstes Riegel und Bolzen und versperrte sämtliche Eingänge.

Daraufhin zog er sich von allen Menschen zurück, um sich tief drinnen im Hause, in einsamster Kammer, tagaus, tagein dem Thora*-Studium hinzugeben. Voll banger Ehrfurcht erschauderte die Schar seiner Chassidim sowie jeglicher, der seinen Rat oder Beistand suchte. Dergestalt machte er den Menschen das gestrenge Walten eines Gerichts bewußt. Wurde in gewissen Abständen eine der Pforten entriegelt und dem Glaubensvolk der Zutritt zu ihm gestattet, dann gab es keinen, den, nachdem er des Meisters Antlitz erblickt hatte, nicht sogleich die Macht der Reue ergriff und zur rückhaltlosen Umkehr bewegte.«

*Von der Magie zur Innerlichkeit.* Der Rushiner erzählte seinen Chassidim folgende Geschichte: »Unser aller Meister, der große Baal-Schem-Tow, wollte einst einen sterbenskranken Knaben, den er liebhatte, vor dem Tode erretten: Da ließ er aus lauterstem Wachs eine Kerze ziehen, ging damit in den Wald, befestigte sie auf dem Ast eines starken Baumes und zündete sie an. Danach sprach er eine wortreiche Beschwörungsformel. Die Kerze brannte die Nacht hindurch. Beim Morgengrauen war der Knabe wieder gesund.

Der Schüler des Baal-Schem-Tow, der Große

Maggid, mein Urgroßvater, wollte einst die gleiche lebenspendende Wirkung hervorrufen, doch kannte er den ureigentlichen Zusammenhalt der Beschwörungsformel nicht. Sonst vollzog er alles ganz so wie damals sein Lehrer und beschwor dann einfach dessen Namen. Der Erfolg stellte sich ein.

Rabbi Moses Löb von Sassow, der Schüler Rabbi Schmelkes, eines Schülers des Großen Maggid, wollte einst die gleiche lebenspendende Wirkung hervorrufen. Da sagte er: ›Wir sind mittlerweile nicht mehr fähig, auch nur die äußere Handlung zu vollziehen; doch ich werde das Geschehnis einfach erzählen, und der Herr wird seine Gnade dazutun.‹ Der Erfolg stellte sich ein.«

# Chassidisches Schlußwort

Gut hundert Jahre nach dem Tod des Bescht schreibt ein in Galizien beheimateter Chassid die folgenden Zeilen: »Unser Meister, der Baal-Schem-Tow, entdeckte noch in der belanglosesten, vereinzeltsten Kleinigkeit dieser niedrigen Welt die Gegenwart der Gottheit – und eben dadurch brachte er das Werk des Ari* zur Vollendung. Alles von dem Ari Entdeckte gehört letztlich den oberen Welten an, und nicht jeder ist mit genügend Verstand begabt, das Obere zu begreifen. Der Bescht aber hat Gott hier auf Erden offenbar gemacht, vor allem in dem niederen Menschen, bei dem es, wie der Meister gezeigt hat, kein einziges Körperglied und kein inneres Vermögen gibt, die nicht in der ihnen verborgen innewohnenden göttlichen Kraft verwurzelt wären. Herabgesandt vom Allheiligen, bewirkte also der Bescht die religiöse Erweckung der bedrückten, zurückgebliebenen Volksschichten. Er wies der Welt den Weg der Chassiduth\*; und den kann der Mensch auch unter den härtesten Existenzbedingungen gehen.«

*Anhang*

# Verzeichnis der Zaddikim

(d. h. der chassidischen Rabbis oder Maggidim/ Prediger) nach Name und Wirkungsort bzw. nach ihrer im jüdischen Volksmund gebräuchlichen Titulierung

Aaron der Große. Aaron v. Karlin; Schüler des Großen Maggid; gest. 1772.

Abraham der Engel. Abraham v. Fastow; Sohn des Großen Maggid; gest. 1776.

Alexanderer, der. Chanoch v. Alexander; Schüler des Rabbi Bunam; gest. 1870.

Apter, der. Abraham Joschua Heschel v. Apta; Schüler des Lisenskers; gest. 1822.

Belzer, der. Schalom Rokeach v. Belz; Schüler des Lubliners; gest. 1855.

Berditschewer, der. Levi Isaak v. Berditschew; Schüler des Großen Maggid, gest. 1809.

Berschader, der. Raphael v. Berschad; Schüler des Korezers; gest. 1816.

Bescht, der – die übliche Abkürzung für den Baal-Schem-Tow; vgl. Vorwort.

Bunam Simcha v. Przysucha. Schüler des Jehudi; gest. 1817.

Chajim v. Krasny. Schüler des Bescht; gest. 1793.

David Hager v. Zablitow. Schüler des Kossowers; gest. 1848.

Dzikower, der. Elieser v. Dzikow; Sohn des Ropschitzers; gest. 1861.

Eisik v. Kalew. Schüler des Rabbi Schmelke; gest. 1829.

Elieser v. Tarnigrad. Schüler des Lisenskers; gest. 1809.

Feibusch v. Hobnow. Schüler des Ropschitzers; gest. 1830.

Gerer, der. Isaak Meir v. Ger; Schüler des Rabbi Bunam; gest. 1866.

Große Maggid, der. Dow Bär v. Meseritsch; Schüler des Bescht; gest. 1772.

Hirsch v. Rymanow. Schüler des Rymanowers; gest. 1847.

Jehuda Zewi v. Stretyn. Schüler des Streliskers; gest. 1844.

Jehudi, der. Jakob Isaak v. Przysucha; Schüler des Lubliners; gest. 1814.

Karliner, der. Salomo v. Karlin; Schüler des Großen Maggid; gest. 1792.

Kobryner, der. Moses v. Kobryn; Schüler des Lechowitzers; gest. 1857.

Korezer, der. Pinchas Schapiro v. Korez; Schüler des Bescht; gest. 1791.

Kossower, der. Mendel v. Kossow; Schüler des Sassowers; gest. 1825.

Kozienicer (Maggid), der. Israel v. Kozienice; Schüler des Großen Maggid; gest. 1814.

Kozker, der. Mendel v. Kozk; Schüler des Rabbi Bunam; gest. 1859.

Lechowitzer, der. Mordechai v. Lechowitz; Schüler des Karliners; gest. 1810.

Lelower, der. David v. Lelow; Schüler des Lubliners; gest. 1813.

Lentschnoer, der. Salomo Löb v. Lentschno; Schüler des Lubliners; gest. 1843.

Lisensker, der. Elimelech v. Lisensk; Bruder des Rabbi Sussja; Schüler des Großen Maggid; gest. 1786.

Ljadyer, der. Schneur Salman v. Ljady (der Raw); Schüler des Großen Maggid; gest. 1813.

Löb Saras (der »wandernde Zaddik«). Schüler des Großen Maggid; gest. 1791.

Lubliner, der. Jakob Isaak v. Lublin (der Se-
her); Schüler des Großen Maggid; gest.
1815.

Mendel v. Worki. Sohn des Workers; gest. 1868.

Miedžybožer, der. Baruch v. Miedžyböž; Enkel des Bescht; gest. 1811.

Mogielnicer, der. Chajim Meir Jechiel v. Mo-
gielnica; Schüler des Apters; gest. 1849.

Mordechai v. Tschernobyl. Sohn des Nachum
v. Tschernobyl; gest. 1837.

Nachum v. Tschernobyl. Schüler des Großen
Maggid; gest. 1798.

Noach v. Lechowitz. Sohn des Lechowitzers;
gest. 1833.

Pinchas v. Frankfurt/M. Bruder des Rabbi
Schmelke; gest. 1805.

Polonnojer, der. Jakob Josef Kohen v. Polon-
noje; Schüler des Bescht; gest. 1769.

Radoschitzer, der. Jissachar Bär v. Radoschitz;
Schüler des Lubliners; gest. 1843.

Ropschitzer, der. Naphtali Zewi v. Ropschitz;
Schüler des Rymanowers; gest. 1827.

Rozdoler, der. Judah Zewi v. Rozdol; Schüler
des Streliskers, gest. 1847.

Rushiner, der. Sohn des Rabbi Schalom Schachna; gest. 1850.

Rymanower, der. Menachem Mendel v. Rymanow; Schüler des Lisenskers; gest. 1815.

Sassower, der. Moses Löb v. Sassow; Schüler des Rabbi Schmelke; gest. 1807.

Sawraner, der. Moses Zewi v. Sawrany; Schüler des Berditschewers; gest. 1845.

Schalom Schachna v. Pohrebyschtsche. Sohn v. Abraham dem Engel; gest. 1805.

Schmelke v. Nikolsburg. Bruder des Rabbi Pinchas; Schüler des Großen Maggid; gest. 1778.

Seeb Wolf v. Shitomir. Schüler des Großen Maggid; gest. 1800.

Seeb Wolf v. Zbaraž. Schüler des Zloczowers; gest. 1800.

Slonimer, der. Abraham v. Slonim, Schüler des Kobryners; gest. 1884.

Stepineschter, der. Nachum v. Stepinescht; Schüler des Rushiners; gest. 1868.

Strelisker, der. Uri v. Strelisk (der Seraph); Schüler des Karliners; gest. 1826.

Sussja v. Annopol. Bruder des Lisenskers; gest. 1800.

Ujhelyer, der. Moses Teitelbaum v. Ujhely; Schüler des Lubliners; gest. 1839.

Worker, der. Isaak v. Worki; Schüler des Rabbi Bunam; gest. 1848.

Zanser, der. Chajim Halberstam v. Zans; Schüler des Lubliners; gest. 1876.

Zloczower (Maggid), der. Jechiel Michel v. Zloczow; Schüler des Bescht; gest. 1781.

Žydaczower, der. Zewi Hirsch v. Žydaczow; Schüler des Lubliners; gest. 1836.

# Glossar

**Adam** (genauer: Adam Kadmon): Der Erste Mensch oder Urmensch der Kabbala*; er steht am Uranfang der Schöpfung, im Licht des Urquells; alle Gegensätze, so auch der von Männlichem und Weiblichem, sind in ihm eins. Das Drama des biblischen, irdischen Adam (hebr. »Adam ha'Rischon«) spiegelt auf niederer, anthropologischer Ebene das Drama des gnostisch-theosophischen Adam Kadmon wider. Im Sündenfall kommen beide Adam-Gestalten hinsichtlich des »Weltenschicksals« zur Deckung.

**Akiba,** Ben Joseph: Der bedeutendste der frühen Talmud*-Meister (50–137 n. Chr.); die »Mischna des Rabbi Akiba« wurde zur Grundlage der Mischna*. Im Aufstand gegen die Römer (132–135 n. Chr.) nahm er für Simon Bar Kochba (»Sohn des Sterns«), den pseudomessianischen Führer des Aufstands, Partei und starb als Märtyrer.

**Ari** (»der Löwe«): **A**schkenasi **R**abbi **I**saak (ben Salomon) Luria (1534–1572) ist der führende Vertreter der von ihm in Obergaliläa begründeten »jüngeren«/»lurianischen« oder »praktischen« Kabbala\*. Er gab mit seinem »lurianischen System« der Kabbala ihre neuzeitliche Gestalt und Endfassung.

**Ausrichtungen,** geheime: Siehe Kawwana/ Kawwanot.

**Bar Kochba:** Siehe Akiba\*.

**Barmherzigkeit** (hebr. »Chessed«): Bildet ursprünglich im talmudischen\* Denken den dialektischen Pol zum Gericht (hebr. »Gebura«) – beider Dynamik bestimmt die Weltenlenkung. Die Kabbala\* integriert die B., zusammen mit ihrem Gegenpol, als Sefira\* in das System der zehn Sefirot\*, den organischen Bau der das Sein durchwaltenden zehn göttlichen Kräfte/Emanationen.

**Bar-Mizwa** (»Sohn der Pflicht«): So wird der mit der Vollendung des dreizehnten Lebensjahres religiös mündig gewordene männliche Jugendliche genannt. Zugleich wird mit B.-M. auch die Feier am darauffolgenden Sabbat bezeichnet, in der der B.-M. während der Schriftlesung selbst einen Passus aus der Thora\*-Rolle vorliest und daraufhin den Segen empfängt.

**Buch des Glanzes:** Siehe Kabbala.

**Chassidim,** Sg. **Chassid** (»die Frommen«): Anhänger des Chassidismus; siehe Vorwort.

**Chassiduth** (»Frömmigkeit«): Siehe Vorwort.

**Elia/Elija:** Prophet im Reich Israel; kämpft für die alleinige Verehrung Jahves; wird auf einem Feuerwagen in den Himmel entrückt. E. gilt im jüdischen Volksglauben als Sendbote Gottes, der beim Seder* und bei der Bar-Mizwa* zugegen ist; wem er erscheint, der ist in die Thora* eingeweiht und zum Zaddiktum berufen.

**Erbarmen:** Svw. Barmherzigkeit.

**Erste Mensch,** der: Siehe Adam.

**Funken,** heilige/göttliche: Sind der »lurianischen«/»praktischen« Kabbala* zufolge beim Schöpfungswerk, als Gott Welten schuf und wieder zerstörte, in die Tiefe gefallen und in die Schalen (hebr. »Kelippot«, Sg. »Kelippa«) alles materiellen, geschaffenen Seienden eingeschlossen worden. Dem Menschen obliegt, gemäß der chassidischen Lehre, die »Erhebung« dieser Funken und ihre Rückführung zur göttlichen Wurzel – durch die Heiligung des Alltags und den religiösen Dienst.

**Gemara:** Siehe Talmud.

**Gericht:** Siehe Barmherzigkeit.

**Gnade:** Svw. Barmherzigkeit.

**Haggada** (»Erzähltes«): Die erbaulichen, ethischen und legendär-historischen Schriften des Judentums in Spätantike und Mittelalter, in hebräischer und aramäischer Sprache. Die H. umfaßt im Talmud* den erzählenden Teil der Gemara* und wurde, als narrativ-erbaulicher Kommentar (»Midrasch«) zum gesonderten Schrifttum der Midraschim erweitert.

**Jom-Kippur:** Siehe Versöhnungstag.

**Kabbala** (»Überlieferung«): Die Lehre und das Schrifttum der mittelalterlichen jüdischen Mystik. Die »ältere«, spekulative oder »theoretische« K. entsteht Mitte des 12. Jdts. in der West-Provence und gelangt Anfang des 13. Jh. nach Spanien. Dort wird sie zum esoterischen System ausgebaut. In ihrem Hauptwerk, dem größtenteils von Moses Ben Schemtow De Leon (gest. 1305) konzipierten und von späteren K.-Meistern ergänzten »Sefer ha' Sohar« (Buch des Glanzes) ist, neben der ständigen Diskussion über Herkunft und Sinn des Bösen, die Sefirot-Lehre der zentrale Gegenstand. Der jenseitigen, unerkennbaren Gottheit, dem unendlichen Urgrund (»En Soph«) wird die Emanation und

Ausfaltung Gottes in die zehn göttlichen Schöpfungs- oder Seinskräfte, die zehn Sefirot (»Zahlen«, »Potenzen«) zugeordnet. Das Zusammenwirken der Sefirot veranschaulicht das kabbalistische Schrifttum in den zahlreichen Darstellungen des Sefirot-Baumes. Die unterste Sefira, Malchut, »das Reich« (Gottes als geistiges Reich des Menschen), birgt die Schechina*, durch die der Mensch religiös bzw. kontemplativ mit der Gottheit in Verbindung treten kann. Dieses gnostisch-theosophische System der zehn Sefirot war freilich schon im frühen Hauptwerk der jüdischen Mystik, dem »Sefer Jezira« (Buch der Formung, aus dem 3.–6. Jh.) in nuce entwickelt. Hier wird die Welt aus der Verbindung der zehn Sefirot mit den 22 Buchstaben des hebräischen Alphabets entfaltet. Von Anfang an geht es in der K. um die spekulative Auslegung von Laut und Wort; als spekulative Auslegung des geoffenbarten Worts, der Thora*, ist sie das augenfälligste Merkmal der gesamten jüdischen Mystik, einschließlich der Reden und Schriften der chassidischen Rabbis.

Durch die Vertreibung der Juden aus Spanien wurde die bislang esoterische K. im 16. Jh. zur Volksbewegung; es entstand die »lurianische«, »praktische« Kabbala mit ihrem Zentrum in Palästina. Von dort aus verbreitete sie sich in der gesamten Diaspora. War die »ältere« K. darum bemüht, das Mysterium des Wirkens der höheren Welt in der niederen zu enthüllen, so zielte die »jüngere« K. darauf ab, durch Askese, Kasteiungen, bußfertige Zerknirschung etc. das Himmelreich zu erstürmen. Die Heiligung des einzelnen und die Erlösung des Volkes Israel waren ihre durchaus unesoterischen Ziele. Sie bereitete so den Boden für die letztlich verhängnisvollen messianischen Bewegungen des 17. und 18. Jh.

Im Chassidismus schließlich werden die Grundtendenzen beider K.-Phasen zu einer neuen vitalen und populären Synthese umgestaltet; zugleich erlangt der Sohar (lurianischer Prägung) im gesamten Ostjudentum den Rang eines heiligen Buchs.

**Kawwana,** Pl. **Kawwanot:** Die »Ausrichtung« auf Gott beim Vollzug einer religiösen Handlung, die »heilige Intention« jeglicher Art von Gottes-Dienst. Die jeweiligen Kawwanot sind mystisch fundiert: Die Kabbala*, prototypisch das »Buch der Formung«, baut sie zu einem System der die getrennten Sefi-

rot* einenden Formulierungs- und Sprech-
weisen der Gottesnamen aus, die in den jeweiligen religiösen Akt einbezogen sind.
Aber gerade die esoterische (und magische)
Seite der Kawwanot wird im Chassidismus
häufig ausdrücklich relativiert oder in Frage
gestellt.

**Konsonantentext:** Die hebräisch abgefaßten
Bücher des Alten Testaments waren ursprünglich, wie die Schriften anderer semiti-
scher Völker auch, als Konsonantentext ab-
gefaßt – ohne Vokale. Zwischen 600 und 900
n. Chr. versahen jüdische Gelehrte, die sog.
Masoreten, den Text unter und über den
Konsonanten mit Strichen und Punkten, den
Vokalzeichen, und schufen so den »vokali-
sierten«, »masoretischen Text«, die sakro-
sankte Thora* im weiteren Sinne.

**Macht:** Svw. Gericht.

**Maggid,** Pl. **Maggidim** (»Sprecher«, »Erzäh-
ler«): Prediger, Schriftdeuter und Verkünder
(Ehrentitel).

**Midrasch,** Pl. **Midraschim:** Siehe Haggada.

**Mincha** (»Geschenk«): Ursprüngl. Speiseopfer
(vgl. Levitikus 2); nach der Zerstörung des
Tempels das statt des Opfers eingeführte Nach-
mittagsgebet.

**Mischna:** Siehe Talmud.

**Mitnaged,** Pl. **Mitnagdim:** Der/die eingefleischte(n) jüdische(n) Gegner des Chassidismus.

**Neujahrsfest:** Siehe Rosch-ha-Schana.

**Pessach**/Passah: Das jüdische Osterfest; siebentägiges, in der Diaspora achttägiges, Gedenkfest des Auszugs aus Ägypten, am 14. bis 21. Nissan (März–April); auch »Fest der ungesäuerten Brote« genannt.

**Pirke Awot**/Pirkej Awoth (»Abschnitte/Sprüche der Väter«): Religionsgeschichtlich wichtigster, populärer Teil der Mischna*; enthält Sittensprüche der bedeutendsten jüdischen Schriftgelehrten von 200 v. Chr. bis 200 n. Chr.

**Raw:** Der offizielle, mit allen gemeindlichen Pflichten betraute Stadtrabbiner; für die Einhaltung und Lehre des Religionsgesetzes zuständig. Auch die chassidischen Rabbis (jiddisch: Rebbes) bekleideten nach dem Sieg des Chassidismus häufig das Amt eines R. und wurden generell mit »mein Raw« angesprochen.

**Rosch-ha-Schana** (»Haupt des Jahres«): Das zweitägige jüdische Neujahrsfest am 1. und 2. Tischri (September–Oktober); es leitet die zehn Tage der Buße ein, die am Jom-Kippur, dem Versöhnungstag*, enden. Auch als »Tag des Posaunenschalls« bezeichnet: R.-h.-Sch. gilt als himmlischer Gerichtstag.

**Schalen** (hebr. »Kelippot«): Siehe Funken.

**Schechina**/Schekhinah (»die Einwohnende«, »Einwohnung«): Die innerweltliche Allgegenwart der Herrlichkeit Gottes. Aus biblischen Textstellen herauslesbar und im Talmud* erwähnt, wird die S. in der Kabbala* zur zentralen Größe: Sie ist die aufs Innerweltliche »eingeschränkte« weibliche Seite der Gottheit; ihr Schicksal ist mit dem der Welt und insbesondere dem der Kinder Israel (allgemeiner: des Menschen) verknüpft. Die Einung der unteren und der oberen Welt, die Erlösung der S. aus ihrem irdischen Exil, ist untrennbar verschränkt mit dem Erlösungsweg des Menschen – der Heiligung seiner selbst: Aus seinem Gottes-Dienst erwächst die emporläuternde Gnadenkraft der S. *und* die Herabkunft des Allheiligen, der »herniedersteigt, der Schechina entgegen, um sich mit ihr zu vereinigen – durch das Gebet des Menschen«, so formuliert es der Sohar*.

**Schekel:** Althebräisches (Silber-)Gewicht, ca. 11,5 g.

**Schofar:** Das Widderhorn; es wird in der Liturgie des Rosch-ha-Schana* geblasen.

**Schulchan-Aruch** (»Gedeckter Tisch«): Ein vierteiliger Auszug aus dem Kompendium des jüdischen Ritualgesetzes und des praktisch geltenden Rechtes, von Rabbi Josef Karo (1488–1575); erschien 1564 in Venedig und wurde für das orthodoxe Judentum in der Diaspora absolut maßgebend.

**Seder** (»Ordnung«): Die häusliche Festtafel am ersten und zweiten Abend des Pessach\*, mit symbolischen Speisen, Gedenkumtrünken und dem Verlesen der Festtagslegende.

**Seelenstufen:** Gemäß der Kabbala\* ist die Seele in drei hierarchische Stufen gegliedert – Nefesch, Ruach und Neschama –, die im vorliegenden Text nach Ernst Müllers Sohar\*-Übertragung (Wien 1932; Neuausg. Köln 1982) mit »Triebseele«, »Geistseele« und »Seelenodem« wiedergegeben werden.

**Sefira**/Sephirah, Pl. **Sefirot**/Sephiroth: Siehe Kabbala.

**Sefirot-Baum:** Siehe Kabbala.

**Simchat-Thora:** Das Fest der »Freude an der Lehre«; schließt sich als neunter Tag an das achttägige Laubhüttenfest (Sukkot) an. Die Thora\*-Rollen werden im Bethaus aus der Lade genommen und im siebenfachen Rundgang tanzend getragen und geküßt. Mit diesem Tag wird ein neuer Jahreszyklus der synagogalen Vorlesung der fünf Bücher Mose begonnen.

**Slichot**/Selichoth, Sg. Slicha: Bußgebete, die während der Tage der Buße\* gesprochen werden.

**Sohar:** Siehe Kabbala.

**Stiftshütte:** Eine Art Zelttempel, das bewegliche Heiligtum der biblischen Israeliten, das sie auf ihrem Zuge durch die Wüste mit sich führten. Im Allerheiligsten der S. befand sich die Bundeslade/Gesetzeslade.

**Tage der Buße:** Siehe Rosch-ha-Schana.

**Tag der Zerstörung des Tempels** (»der neunte Ab«): Gedenktag der Zerstörung des ersten Tempels durch Nebukadnezar und des zweiten Tempels durch Titus; Trauer und Fasttag (zwischen Mitte Juli und Mitte August). Während des Gottes-Dienstes sitzen die Betenden barfüßig auf dem Boden der abgedunkelten Synagoge.

**Talmud** (»Lernen«, »Lehre«): Das nachbiblische Hauptwerk des Judaismus, hervorgegangen aus mehrhundertjähriger Überlieferung, abgeschlossen ca. 500 n. Chr. Der T. besteht aus der Mischna, einer nach Sachgebieten gegliederten Rechtssammlung und Rechtskodifizierung (in Hebräisch) sowie aus der auf ihr aufbauenden, äußerst komplexen Diskussion und Erläuterung – der Gemara\* (in Aramäisch). Man unterscheidet, nach dem Entstehungsort der Gemara, zwei Versionen – den »palästinensischen« T. und den dreifach umfangreicheren und allein rechtsverbindlichen »babylonischen« T. Gesetzlicher Stoff (hebr. »Halacha«), etwa zwei Drittel des T., wechselt mit aktualisierender Thora\*-Auslegung, erbaulichen und enzyklopädischen Betrachtungen, Sittensprüchen, Gleichnissen, Sagen, Anekdoten und Legenden – der »Haggada\*« (etwa ein Drittel des T.). Beide Stränge sind unauflöslich miteinander verknüpft.

**Tanna,** Pl. **Tannaim** (»Lehrer«, »Wiederholer«): Meister der Mischna\*.

**Tauchbad** (»Mikwa«): Das nach Talmud\*-Regeln erfolgende rituelle Bad der Juden.

**Tefillah** (»Gebet«): Dreimal täglich zu sprechendes achtzehnteiliges Stammgebet; im synagogalen Gottes-Dienst wird es (im Stehen) zuerst leise gesprochen, dann vom Vorbeter/Kantor laut wiederholt und von der Gemeinde Wort für Wort mit »Amen« beantwortet. An Feiertagen wird dieses »Achtzehn-Gebet« (hebr. »Schmone 'Esre«) zum »Sieben-Gebet« verkürzt.

**Thora/Tora** (»Weisung«, »Gesetz«, »Lehre«): Im engsten Sinne das den Juden am Sinai von Gott gegebene Gesetz; im engeren, liturgischen Sinne die fünf Bücher Mose, der Pentateuch (Genesis, Exodus, Levitikus, Numeri, Deuteronomium) im weiteren Sinne die Bücher des Alten Testaments insgesamt; im weitesten Sinne das ganze religionsgesetzlich verbindliche »heilige Schrifttum«.

**Thora sagen:** Gebräuchliche Formulierung für: »Textpassagen des ›heiligen Schrifttums‹ zitieren und mündlich erläutern/deuten«.

**Thronwagen Gottes:** Aus der Vision des Propheten Ezechiel (Ezechiel 1, 4 ff.); dort wird die Gottheit (für die Juden in der Verbannung) als eine bewegliche geschaut, die ihrem erwählten Volk ins Exil zu folgen vermag. Der Wagen der Schechina* ist die kabbalistische* Variante des T. G.: Innerweltlich gegenwärtig, schwebt die Schechina im »Wagen« der zehnten, untersten Sefira* (Malchut) über den Kindern Israel, sofern und solange diese religiös und ethisch geeint sind.

**Versöhnungstag (Jom-Kippur):** Hohes jüdisches Fest am Zehnten des Monats Tischri (September–Oktober), das mit strengem Fasten, feierlichem Sündenbekenntnis und un-

unterbrochenem Gebet begangen wird. Am V. findet der Prozeß der inneren Umkehr und seelischen Erneuerung, der mit dem Rosch-ha-Schana\* beginnt, seinen abschließenden Höhepunkt.

**Vokalzeichen:** Siehe Konsonantentext.

**Wagen der Schechina:** Siehe Thronwagen Gottes.

**Zaddik,** Pl. **Zaddikim** (»der Gerechte«, »die »Gerechten«): Die chassidischen Rabbis oder Maggidim\* (Prediger).

# Literaturangaben

*Chassidische Schriften (Auswahl)*

*Toldoth Jakob Joseph,* »Geschichte des Jakob Joseph« (= des Polonnojers; von diesem verfaßt; erste gedruckte Darstellg. d. chass. Lehre). Korez 1780.

*Likkute amarim,* »Eine Auswahl von Reden« (des Großen Maggid). Korez 1784.

*Likkute jekarim,* »Kostbare Auszüge« (Sammelwerk). Lemberg 1792.

*Zaawath ha' Ribasch,* »Das Vermächtnis des Ribasch« (= des Bescht; ergänzt durch Zitate des Großen Maggid). Ohne Ortsang. 1793.

*Kether schem tow,* »Krone des Guten Namens« (Worte/Reden des Bescht). 2 Tle., Korez 1797.

*Or ha'ganus,* »Verborgenes Licht« (Sammelwerk). Zolkiew 1800.

*Schibche ha' Bescht,* »Lobpreisungen des Bescht«. Kopyss und Berditschew 1815. (Neuausg. v. S. A. Horodetzky, Berlin 1922.)

*Sefer ha' doroth le'talmide ha'Bescht,* »Die Abfolge der Generationen der Bescht-Jünger« (eine chass. Retrospektive, v. Mendel Bodek). Lemberg 1865.

*Derech Chassidim,* »Der Weg der Chassidim« (Sammelwerk). Lemberg 1876.

*Midrasch Pinchas,* »Tiefsinnige Erklärungen des Pinchas« (= des Korezers; ergänzt durch Zitate des Berschaders). Warschau 1876.

*Ramathaim zofim,* »Geburtsstätte Samuels« (ein *Midrasch*-Kommentar d. Zaddiks Samuel v. Szynowy u. Naszelsk, auf der Basis der Lehren seiner Meister; mit zahlreichen Zaddikim-Geschichten angereichert). 2 Teile. Warschau 1881.

*Buzzina de'nehora,* »Lichtquell, kostbare Aussprüche« (des Miedžyboźers; ergänzt durch Zaddikim-Briefe). Lemberg 1880; 2. Ausg. Pjotrkow 1889.

*Simchat Israel,* »Das Verdienst Israels« (Sammelwerk). Hrsg. v. Israel Berger. 4 Bde. Warschau und Pjotrkow 1910–1913.


### Chassidismus-Anthologien

Bloch, Chajim: *Gemeinde der Chassidim.* Wien 1920.

Ders.: *Priester der Liebe.* Wien 1930.

Buber, Martin: *Die chassidischen Bücher.* Hellerau 1928.

Ders.: *Die Erzählungen der Chassidim.* Zürich 1949.

Horodetzky, Samuel Abba: *Ha'Chassiduth we' ha' Chassidim,* »Der Chassidismus und die Chassidim«. 4 Bde. Berlin 1923.

Kahana, Abraham: *Sefer ha'Chassiduth,* »Der Chassidismus«. Warschau 1922.


### Zur Geschichte des Chassidismus

Dubnow, Simon: *Geschichte des Chassidismus.* 2 Bde. Berlin 1931.


### Zur jüdischen Mystik

Scholem, Gershom: *Die jüdische Mystik in ihren Hauptströmungen.* Frankfurt/M. 1967.

**Knaur®**

# SPIRITUELLE WEGE

*Band 1*
TAO
(86051)

— ◆ —

*Band 2*
DIE BOT-
SCHAFT JESU
(86056)

— ◆ —

*Band 3*
I GING
(86053)

— ◆ —

*Band 4*
Rumi
OFFENES
GEHEIMNIS
(86064)

— ◆ —

*Band 5*
CHASSIDISCHE
WEISHEIT
(86073)

— ◆ —

*Band 6*
DER
WEG EINES
PILGERS
(86057)

*Band 7*
Paramahansa
Yogananda
DAS WISSEN
DER MEISTER
(86071)

— ◆ —

*Band 8*
Swami
Prabhavananda
DIE BERG-
PREDIGT IM
LICHTE DES
VEDANTA
(86067)

— ◆ —

*Band 9*
WHITE
EAGLE
Lesebuch
(86072)

— ◆ —

*Band 10*
Joachim
Pongratz
QI-GONG
IM ALLTAG
(86075)